伟大人物

Van Loon's Lives

[美] 亨德里克·威廉·房龙◎著

常绍民◎译

中国出版集团

现代出版社

图书在版编目（CIP）数据

伟大人物 /（美）房龙著；常绍民译 . -- 北京：
现代出版社，2016.3（2023.9 重印）
（房龙真知灼见系列）
ISBN 978-7-5143-4526-1

Ⅰ.①伟… Ⅱ.①房… ②常… Ⅲ.①名人—生平事
迹—世界—青少年读物 Ⅳ.① K811-49

中国版本图书馆 CIP 数据核字 (2016) 第 024286 号

伟大人物

著　　者	（美）亨德里克·威廉·房龙
译　　者	常绍民
责任编辑	周显亮　袁子茵
出版发行	现代出版社
地　　址	北京市安定门外安华里 504 号
邮政编码	100011
电　　话	010-64267325　010-64245264（传真）
网　　址	www.1980xd.com
电子信箱	xiandai@vip.sina.com
印　　刷	永清县晔盛亚胶印有限公司
开　　本	700mm×1000mm　1/16
印　　张	10
版　　次	2016 年 4 月第 1 版
印　　次	2023 年 9 月第 5 次印刷
书　　号	ISBN 978-7-5143-4526-1
定　　价	58.00 元

目录

目录

伟大人物

01 空想主义大师托马斯·莫尔爵士

　　托马斯先生生于1478年，1535年被斩首。早年，他曾就读于牛津大学，在此期间，他对文学研究产生了兴趣，不是因为它有什么深远的意义，而只是出于对"新学问"的热情，当时，文学的时髦犹如今天人们对于新经济学的热衷。大学毕业后，他开始从事律师工作（你本不该跟法律沾边的，托马斯），他的才华，很快引起了"明君"哈尔即亨利八世国王的注意。国王身边不能没有一个聪明能干的律师。

　　就这样，莫尔被卷进了宫廷生活（小心点，托马斯！这种生活不会有好结果），他被任命为宫廷大法官（你的前任落得什么下场，我的好托马斯！你很清楚。他沦为阶下囚，刚要逃脱却还是死在刽子手的屠刀之下。小心点，托马斯）。

　　不久，亨利开始筹划他新的婚姻。他的大法官告诫他，如果不能提出更好的理由，他不能让来自阿拉贡的王后凯瑟琳离开皇宫。国王从未喜欢过他的这位配偶，因为她没有能给他生下一个男性继承人（陛下，由于你的这种态度，你的妻子注定要经受这样的困境，事实上，根本不该允许你们结婚）。此时的国王正疯狂地追求年轻貌美的安妮·博琳（可是，她并不盲从，也不易到手）。这一切，在那些思想认真严肃的臣下看来，都不能成为离婚的充分理由（还是多小心吧，托马斯！你

伊丽莎白·巴顿进了女修道院，成了一名修女。但她并没有从此从舞台上消失！

已干涉了一个个性坚决的年轻女人的婚姻计划，她发誓要杀了你）。

接着，就是对可怜的凯瑟琳的审判，她只有任人摆布。然后是安妮与亨利的秘密结婚。时间不长，安妮就有了一个女孩儿（小心，安妮，千万别生女孩儿！亨利想要男孩，你知道，他一旦想要什么，他就一定要得到）。

为避免更大的丑闻，国王必须与凯瑟琳离婚而且要尽快进行，给果是凯瑟琳很快出宫，安妮进宫。然而，好景不长，三年后，安妮同样陷入困境。她究竟有罪还是无罪，没有人知道。但当你比自己的丈夫小16岁，而他又是好色荒淫之徒，你偶尔向窗外投眄，也就不足为奇了，尽管她与自己的兄弟过于友好的传闻当然是一派胡言。这种污秽的指控，只会产生在都铎王朝那种肮脏的气氛中，那个时代，叔叔为了从皇家的餐桌上多捞点面包屑，也会判处侄子死刑。

不等这位命运多舛的女子走上法庭（无论你如何评说这些年轻轻浮的英国女人，她们肯定知道怎样去死），托马斯先生自己倒先丢了脑袋。

也许至今还会有人记得伊丽莎白·巴顿的案件，就像圣玛丽亚的情况一样，在法国革命后期，她对罗伯斯庇尔的堕落和死亡负有间接的责任。

不错，她的名字叫伊丽莎白·巴顿，不过，不要和克拉拉·巴顿搞混了，后者始创了英国的红十字会，她是另一种类型的女人。伊丽莎白·巴顿是肯特郡人，在她最出名的时候，她被称为"肯特圣女"或"肯特少女"，她的称呼使人联想到"奥尔良少女"，即圣女贞德（人们多么热衷于宫廷里所发生的一切）。

跟法国的玛丽亚一样，伊丽莎白出身极其卑微，干过各种各样的杂活，确切地说是一个目不识丁的女佣。在为坎特伯雷大主教的管家工作期间，她病倒了，病好后，精神完全失常，耳朵里经常听到各种声音，有时还见到鬼。神情恍惚时，便预言未来，通常是大喊大叫地胡言乱语，就像著名的预言家法国犹太人诺斯特拉达穆斯的高调的四行诗节。很快，淳朴的乡民中，便有人私下传说她可能是真正的预言家，代表着上帝的声音（顺便问一下，为什么上帝的声音说起来一律像无知的农民？为什么这些人极少会写自己的名字）。卑微而温顺的乡民们（祝福他们的仁爱之心），拥向坎特伯雷礼拜他们的卡姗德拉。他们的行为在正直的城镇人中间引起了不满。

"无论做什么，不要出丑"，这一直是母教会的至理名言，没有什么比这更容易，尤其是当有罪的一方是卑微的女佣，而其雇主碰巧是坎特伯雷的大主教。

接下来的节目就是伊丽莎白·巴顿进了女修道院，成了一名修女。她会从此从舞台上消失吗？当然不会！她遇到了一位教会的管理人员，这个被派去调查她的案子的修道士相信了她，他的名字叫波金。他对她的"神圣使命"确信不疑（为什么总有这样奇怪而无用的使命呢？他们为什么没有消灭癌症和消灭战争的使命呢）。很快，英国各地的朝圣者奔向坎特伯雷去参拜这位新圣徒。就像任何有知者都希望获得有关病态生理现象的第一手材料一样，大法官也对这件事产生了一定的兴趣（再一次注意脚下的步子，托马斯先生。关于可怜的伊丽莎白·巴顿的幻觉没有任何特别的地方，她也许得的是某种宗教躁狂症。只是，根据得到的一点材料很难做出非常确切的诊断。你照样要多加小心。托马斯先生！这种案子容易变得一团糟）。

即使在修道院里，伊丽莎白也知道外面大千世界所发生的一切。一个邪恶的国王正以自己的意志反对教皇，教皇捍卫的是神圣的婚礼仪式，国王捍卫的则是他自己。"肯特圣女"打定主意，一个谦卑虔诚的教会之女，只有一件事情可做，她必须发出警告，如果让邪恶战胜正义，灾难将降临全国，如果国王一意孤行，他将不再是这个国家的统治者，而必须像恶棍一样死去。国王决定严肃对待这个问题，御马（我指的是驮国王的马）奔向坎特伯雷，国主陛下亲自去找那个可怜的疯女人面谈。不用告诉她来者是谁，她认出了他，并预言，如果他坚持离婚，他必死。

事情发生在1532年。不久，亨利不得不与安妮结婚，修女伊丽莎白在大喊大叫胡言乱语中确实疯了，国王却摆出一副高傲冷漠的神态（够了！够了！托马斯·克兰默会仁慈地调查这件事吗？）。

托马斯·莫尔画像

克莱默随后成为坎特伯雷大主教，他乐意为国王效劳。只要他做了这件事，他就要把这件事做彻底。因为它提供了一个机会，可以借此除掉国内所有可能与这个"卑劣阴谋"有关的国王陛下的敌人。什么阴谋？谁知道？谁想知道？只是提及有反对民众爱戴的统治者的生活的阴谋，人们就会号叫着叫某人流血，流很多血，如果可能的话。此时此刻，人们深爱他们直率的国王哈尔（亨利爱称），认为他是他们中的一员，因为他很快就要和一位鱼贩子的女儿同床共枕，就像很快娶一位皇家公主一样（甚至还要快）。因此，就让刽子手去折磨那位可恶的女巫直到她愿意承认盗走了威斯敏斯特教堂内的所有的塔，就在泰伯恩刑场上举行了一个盛大的仪式，就让群众观看所有王权之敌受绞刑，在完全咽气前砍下他们的头颅，再开膛挖心，再把尸体劈成四块，悬于城门上的铁条箱内，直至腐烂（嗬！1543年，在狂风呼啸的四月的那一天，人们好梦成真！）。

现在让我们来核对一下这一段时间刽子手们的业绩。

公元1534年，伊丽莎白·巴顿等人退出舞台。

接着，无味的喜剧突然变成了庄严的悲剧。公元1535年，托马斯·莫尔先生被控参与了反对国王新婚姻的"巴顿阴谋"（因为拒绝同意国王陛下最丑恶、最可耻的几桩离婚案），而被押入伦敦塔，以谋反的罪名被斩首。

公元1536年来到了，国王开始对年轻的妻子实施报复。那年的5月17日，安妮·博琳所谓的情人们被处死，同月19日，安妮自己失去了她可爱的头颅。她的叔叔，诺福克郡公爵、宫廷的主持官，对她表示一番假慈悲之后，给国王陛下提出建议：对背叛了他的妻子，要么砍头，要么处以火刑。国王宽厚地宣称他赞成砍头，并非常慎重地派人去请加莱的刽子手穿越英吉利海峡来做这件事情。因为一朝为贵人，永远为贵人，不能允许英国人的手沾上一个与国王一起坐过皇家马车，为国王生下一个活着的女儿和两个死去

断头台成为与国王意见相左的人们的最终归宿。

的孩子的女人身上的血。

　　你会问为什么国王对安妮如此愤怒呢？那是因为她没能为丈夫生下一个男孩儿，也因为（如果法庭调查正确无误）她与情人们鬼混玷污了皇家的尊严，（更重要的是）国王那充血的双眼又盯上了一位待受恩宠的女候选人。这位女士是简·西摩，她27岁，原为侍奉阿拉贡的凯瑟琳的使女。长期的宫中生活教给她，为了万无一失，任何引起国王倾心的女人绝对要时刻（尤其在晚上）提醒她的国王：如果要得到她，必须明媒正娶。

　　亨利对此心领神会，在前王后被斩首的第十一天，婚礼的钟声又敲响了，简·西摩当上了第三任亨利八世夫人，并占据其位直到第二年生下一子——爱德华六世，小皇子活到16岁。在骄傲地为亨利生下了一位继承人后的第十二天，可怜的简死于伤寒（她在国王的妻子中，是唯一能引起国王哀思的人。我本来不必谈这些，托马斯爵士对此一无所知）。他自己已于1535年7月7日被"合法"地暗杀了。他的头颅被置于伦敦桥上以警告那些企图干涉最高意志的人。根据大家的传言，他的女儿玛格丽特，一位才智极高、富有个性的女人，救出了她父亲的人头。她死后，父亲的人头与她葬在一起，她一直没有得到父亲的任何财产。这些财产被（嗬！安妮·博琳，你妩媚动人，你却是一个受恩赐的恶妇）赐予安妮的女儿伊丽莎白（"私生女"，正如国会对她的称呼）。伊丽莎白将享受这份财产，直到寿终正寝。

"快乐的古老英国"的幸福时光到此结束！

然而，尽管有这许多无耻行径，在谋杀、强奸、乱伦及各种类型的恶行的背景下，这里毕竟还有一个清洁的灵魂。在政治堕落到如此腐败的地步，以至于没有诚实的人愿意与之为伍的时候，莫尔在国家事务中起了重要

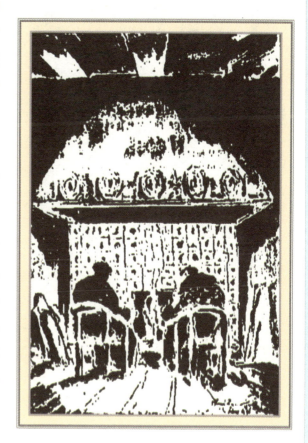

托马斯·莫尔在火炉前与朋友聊天。

9

的作用，并赢得了无论是在公众生活还是在私人生活方面的绝对纯洁的好名声。

多年来，在切尔西的莫尔家，一直是伦敦知识分子和学者们聚会的地方，在能干的第一任和第二任妻子及大女儿玛格丽特的支持下（玛格丽特嫁给了威廉·罗甫，他就是为我们写下托马斯先生第一本传记的作者），莫尔家的住宅成了英国最文明的地方；人们从四面八方来到这里，为的是看一眼托马斯先生——一位在他半严肃的小作品《乌托邦》中对社会和政府进行辛辣讽刺的人。

02 光芒四射三才俊：圣方济各、安徒生与莫扎特

弗兰西斯科（方济各），贝尔纳多于1182年或者1183年出生在阿西西。阿西西在翁布里亚，翁布里亚到处都是小山，坐落在罗马的北面、佛罗伦萨的东面。从地理上讲，它是意大利的地质干脉亚平宁半岛的一部分。

亚平宁山脉北起波河的山谷，南到意大利的最南端。多山的地区——或者说起伏的山峦地带——似乎对人类诗意般的气质能产生更为明显的影响。总会有一天，某位历史学家会根据地理位置的不同，给我们列出一个全世界的人才精英表。我想，这个表会显示出起伏的山峦地带，就像我们居住的欧洲大陆、英格兰、德国的中部和南部以及意大利的北部，是人类产生诗情画意的理想的肥沃的土壤。

小方济各的父亲拥有一个服装店，是一个裁缝，可能是全城中最好的裁缝，所以他还是个重要的人物。方济各希望能继承他父亲的事业，命运对他来说是一帆风顺的。他不爱学习，尽管他能读，也能写。他不喜欢读书，更憎恨学校。所有这些都没有什么值得大惊小怪的，只是证明了他是一个正常的处于12世纪、20世纪，或者是2万世纪的男孩儿。

阿西西不是一个大都市。但在1181年，已拥有2000多居民，使它有权利称自己为城市，而且它拥有城墙、塔楼和一个正规城市所必须拥有的其他设施，包括自己的外交政策，以至

于它的邻居必须考虑到这一点。阿西西的外交政策，像其他所有的外交政策一样，不管国家的大小，都经常需要用武力的展示来支持。在方济各大病初愈时，爆发了一场战争。我想我可以找出战争发生的原因，但原因并不至于使双方以刀光相见。在中世纪，像这样的小城市，甚至村庄之间的冲突就像我们现在的棒球比赛一样平常。作为一条规律，他们都没有被伤害，最终的结局是——一些人扭伤了脚，或者是肩骨脱臼。在极少的情况下，选手中的某一位忘记了自己，使用了暴力，向对方的下巴猛击了一拳。方济各并不在乎捂着受伤的鼻子回家，但他的病几乎耗尽了他所有的精力。从战场回家的路用了他许多天的时间。作为本市的英雄当然是很幸运的，但是他开始怀疑这并不是上帝让他扮演的角色。

突然"战争"停止了。年轻的志愿者赶回阿西西。阿西西举行了盛大的欢庆会。方济各急于赶回参加。在路上，他的朋友们希望他能忘记最近发生的不愉快，尊称他为国王，并派出火把队提前通知阿西西。但方济各悄悄地离开了。最后，当他再次出现时，已精神恍惚，刚从遥远的、不知名的地方周游回来。老方济各·贝纳尔多已不在人世，方济各的弟弟已取代了他的位置。作为贫困中的最贫困者，他饱经沧桑，直到24年后，最终因贫困交加，消失在贫困区的墓穴中。他的肉体早已不复存在，但他的精神却活在我们心中。他使我们衷心地欣赏他可笑的"天才的傻瓜"的智慧，而不是他的思想的教育意义。

在经历了许多世纪之后，要弄清楚方济各·贝纳尔多所追求的目标、他真正的信仰以及他的同代人对他的

他的肉体早已不复存在，但他的精神却活在我们心中。

印象是十分困难的。在历史中，很长时间没有一个人像他那样。在我们当今的世界中，要扮演方济各这样的角色需要有超人的勇气。在大洋的我们这一侧有位名叫梭罗的与他比较相像。在托尔斯泰的最后的几年里，他也曾模仿，或者试图模仿方济各的贫困生活。梭罗缺乏方济各的最主要的性格。他，作为一位诚实的美国人，一直保持着工作的欲望。他不像他的堂弟那样追求工作，但在他的小木屋里必须保持整洁。甚至每年只要花费100美元就可以不消耗他自己的体力，但他宁愿自己累得满头大汗也要保住这100美元——没有人会因此攻击他曾经欠了杂货商的铅笔钱。

至于托尔斯泰，他迟到的悲惨结局和奥地利国王每年举行的洗脚仪式一样重要。十几位维也纳人经过充分地沐浴之后，被带到陛下面前，通过这种谦卑的行为（用一块湿毛巾擦他们的脚），显示高尚的基督教徒的精神。

让我想想，我如何能把我对这位虔诚的圣徒的看法向你们表达清楚。

方济各不是一个像我们现在所说的那种社会服务人员，除了一个现代的福音传教士以外，他很平常，尽管他说教时的听众比其他任何人都多。虽然他也写过一些圣歌，但他对创作宗教宣传读物并不太感兴趣。他对新成立的布道学校并不热心。许多人崇拜他，并以某种组织的形式聚集在一起，但方济各并不适合这种工作。他把这个机会让给了其他雄心勃勃、更有组织能力的人。

他不是一个外交家，尽管他曾经做过别人做不到的事。他去过圣地，要求苏丹王通知那些惊讶的（同时也是迷惑不解的）异教徒，他已认识到自己所做的一切都是错误的，在没有太晚之前，他要改变他自己的信仰，于是，他让来访者给他进行了洗礼，成为基督教徒。

试想今天如果有人到德国城市贝希特斯加登告诉希特勒，他注定要被打入地狱，应该立即给德国人一个民主的宪法，并惩罚违反者；试想一个现代人在没有麻醉的情况下进行手术，通过疼痛来乞求宽恕，谁能做得到？这正是方济各在生命的最后的日子里所做的。

我们总是有一些"高贵的"人在我们周围。我们经常在报纸（照片和所有其他的传播媒片）上看到他们。他们总是有一些新奇的迷信思想，他们保证说可以用吃草的方法来拯救世界，或者否认物质的存在，或者坚持通过某

方济各会创始人——圣方济各像

种精神上的活动可以杀死霍乱细菌，或者能治愈骨折了的腿。但是，为了弄清楚这些十分值得怀疑的论调和所有生物之间的区别，我们只需问问自己方济各是使用了什么方法使如此多的动物加入他的阵营中。他会马上感觉到没有哪种通用的万能胶能把他们黏合在一起。对于方济各，尽管他逆来顺受，仍是位心理学专家。虽然他不一定意识到，可他是怎样了解他的同伴的呢？他是怎样洞察他们的心灵的呢？他为什么能点燃希望之火，只要生命不止，火焰就不会熄灭的呢？

我怎么会清楚呢？因为经过这么多年，我的生活像普通人一样。不论是什么，在我身上只要是美的——内在的本质的美，而不是外表的美（我是一个相当漂亮的人，能演许多角色）——但是在我心中不论有什么，有朝一日，我能以他在地球上生活了许多年为借口向万能的上帝陈述——所有这些都是我从一个人那儿学来的，是他的思想深深地影响了我。我绝对不会不信守诺言，说出这个人的名字。在其他的礼物中，他给了我能够在宗教改革中幸存的钥匙。那时他所有的同伴，当然圣尼古拉斯是个例外，在新教徒的手中都受尽了折磨。但是，圣尼古拉斯永远活在孩子们的记忆中。孩子们从来不会对革命感兴趣，这当然不包括孩子们利用革命来发明某种新的游戏。

今天，尽管我的这种观点可能是错误的，但我仍然认为方济各在新教徒中比在天主教徒中更受欢迎，至少我感觉新教徒更能理解他。我们把他作为中世纪精神的代表接受，这样，我们就可以觉察到他有什么使我们感到憎恶——他无理智地接受疾病、污物以及所有其他的痛苦折磨。这些痛苦是很容易避免的，甚至仅仅用一块肥皂和基本的生活常识就能解决。我们不必怀疑他从阿尔维塔山回来之后，他的手和脚上是否真的有圣伤（指耶稣在十字架上钉死后身上所留下的伤痕），或者一个人经过多年的斋戒和整夜的祈祷而筋疲力尽能产生幻觉。我们把这些问题划归心理病理学范畴，然后忘记它。我们逐步认识到，讨论纯粹的信仰问题是无益的，也是愚蠢的，比如让我们的孩子们争论他们最喜欢的神话故事是否真实。

最后，我没有必要把超自然的神秘现象具体化。他本人的确存在，而且有他自己的生活，这对我们来说就足够了。一个修会为什么以他的名字命名，这对我们来说并不是特别重要的（方济各会作为一个富有人类欲望和雄心的组织，不会在它的内在精神中长时间地保留真正的方济各教义）。今天它有了其他的教义。我们希望这个教义是有益的，如果它超出了正常的影响范围——一个精神上的范围——那么我们就要抵制它。只要它能保持在这个范围之内，我们应该尽力支持它，使它能够在穷人和那些失去了继承权的人中发挥它的作用。我们宣布要继承方济各会的精神遗产。我们想分享与这位奇怪的留着小胡子的人做朋友的乐趣。他长得并不是特别吸引人，而且在一生中的绝大部分时间内，身体状况很糟。我们希望能够在夏天美丽的夜晚经常和他交谈，当我们在田间漫步时，发现他独自坐在一棵孤零零的大树下，盯着大地沉思，以后，当我们的孩子问起这位看起来很奇怪，穿着凉鞋和蹩脚的棕色长袍的人时（他看着孩子们，露出了慈祥的微笑，笑得那么自然，那么充满感情。孩子们忘记了害羞，冲着他笑起来），我们会说，"我亲爱的孩子们，那是一位你们一生都不应该忘记的人。是他采摘了鲜花献给了救世主。那时他也不比你们大"。然后向他们讲起他遗传给我们的所有美好的故事。

据说克里斯蒂出生在一个牲口棚里。当我还是个小孩子时，我曾经羡慕过他，那是一个多么美好、多么理想的出生地！有刚刚收割的干草和温驯的母牛做伴；好奇的山羊走来走去，嘴啃着铁锹或者草耙的木把儿；柔弱的光从房顶下的小窗子里洒进来。

我还记得我第一次看到阳光的房间，房间里放满了死气沉沉的家具和一点也不浪漫、表情呆滞的祖先的画像。我经常把它和祖母曾经给我讲过的伯利恒的婴儿出生的牲口棚相比。我的叔叔也曾经给我买过一本关于他的有许多图画的书。我总是因为没有出生在牲口棚中而感到十分遗憾，闻到的不是土地的芳香，而是过期的茶叶和每周至少擦两次的荷兰地板的气味。

在菲英岛欧登塞安静的丹麦小镇中破旧的小房子里又是什么样子的呢？在那里汉斯·克里斯蒂·安徒生发出他第一声啼哭。在那一间房子里

安徒生最初的梦想就是做一名歌剧演员，因为这是他唯一能做且能谋生的手段。

住着他的父亲——一个鞋匠——他的妈妈和一群孩子。家里穷得徒有四壁，没有床单，就捡一块刚刚盖过某位达官贵人棺材的布当作床单。

这不平凡的事件（对我们来说不平凡）发生在1805年4月2日。11年后，鞋匠的肺病终于使他放弃了绝望的徒劳的挣扎。他的妈妈一直守寡，承担着家庭的重担。她寻找并且找到了解决的办法。她用好心邻居经常接济她的养家糊口的钱，换成了一瓶瓶荷兰杜松子酒，渐渐地被人遗忘了。

但是神的火花孕育在这个小男孩儿的心灵之中，不可抗拒。凡是上帝触摸过的人，不管他遭到什么样的障碍和多么无礼的对待，他仍能实现自己的梦想。在他十分贫穷的时候，他仍然到小剧场中看戏。在那里，他可以再扮演莎士比亚及其丹麦同行——著名的路德维希·霍尔堡戏剧中的角色，后者有"斯堪的纳维亚的莫里哀"之称，这一称呼并非不当。

在他幼年的时候，安徒生就被迫自己谋生。他一开始被安排到裁缝店里做学徒，因为社会永远需要裁缝。无论好坏，这总是一种谋生的手段，但他拒绝了。他要做一名歌剧演员——只能是这样，别无选择！——一名歌剧演员。欧登塞的人都嘲笑他。丹麦人也笑了，他们不仅笑他们的邻居，而且也

安徒生故居

在笑这个世界。他们是一个小国，那是他们抵御敌人，保护自己的方法。在欧洲，每个国家都有自己发展的方法，以和平的方式推行自己的事务，却容易招来许多敌人。

当这个孩子真的走到首都推销自己的时候，当他雄心勃勃地站在皇家歌剧院的门阶前的时候，他不再是人取笑的对象。他被看成疯子，一个伤害人的傻瓜，但却是一个不可等闲视之的人物。他住在阁楼中，过着食不果腹的生活，但他继续唱歌，直到声音变了调。直到这时，他才认识到，作为歌唱家的梦想对他来说是永远无法实现的了。

他随后决定利用他奇异身体的另一端——他的双脚——来完成他的嗓子拒绝完成的事业。

作为一个舞蹈者，汉斯·克里斯蒂·安徒生像做歌手一样遇到了失败，似乎除了裁缝桌以外再也没有其他出路。哥本哈根，特别是那时的哥本哈根仍是一个十分保守的城市。像安徒生这样有着奇异外表和志向的男孩儿是很容易引起公众的好奇的。国王腓特烈六世，可能认识哥本哈根臣民中的一半，对他产生了兴趣，把他送进学校接受教育。

安徒生是不是从那时开始就勤奋地学习了呢？绝对没有！他使他的老师感到绝望。他对功课毫不用心，反而浪费大量的时间写一本很糟的小说，并给它起了一个十分离奇的名字《帕尔娜托克墓地的幽灵》。

1829年，安徒生又回到哥本哈根，仍然过着饥寒交迫的日子，但是他能经常在大富商乔纳斯·科林（人类中像这样杰出的资助人的名字，我们都应该铭记在心）的家里吃上十分丰富的饭菜。自安徒生第一次在首都哥本哈根出现时，科林就感到"这个男孩儿与众不同"。尽管汉斯·克里斯蒂·安徒生有着令人厌恶的习惯和易怒的性格，但科林是他一生中最好的朋友。他希望世人能坦白地说，安徒生是对的。安徒生，这位死于肺结核的欧登塞鞋匠的喝醉酒的妻子所生的儿子，拥有的能力比任何人想象的都要强。在写了一两本毫无意义的小说和做了一些蠢事之后，安徒生把自己变成了小丑。他最后成功地从一个富有的资助人那里搞到了一小笔钱，以继续周游世界。

安徒生童话故事
里的丑小鸭在游泳。

这笔资金是微不足道的。与它相比，现代的古根海姆基金是相当可观的。但是无论如何，这有限的几百元却带来了相当巨大的收益。现在我们投资数百万美元捐助给那些没有天才、却野心勃勃的人，除了给我们带来一些"民主"的副产品外，一无所有。安徒生周游世界返回后不久（他最远到达了罗马），就写出了一系列的童话故事。最初，这些故事没能引起人们的注意。后来，所有的人见面后都问，"你读过《牧鹅女》、《丑小鸭》和《皇帝的新衣》吗？"这本书很快传到每个人手中。一时间所有的欧洲人都知道了丹麦这个国家，都知道丹麦出了一位杰出的文学天才——一位能够讲述"真实的童话"的人。

安徒生后来的惊人成就是每个人都知道的。他的同胞继续取笑他们"著名的"诗人。小国家从不友好地对待他们的伟人。安徒生又成为咖啡厅的笑料。幸运的是，安徒生天真自满的性格使他没有认识到他所处的真实的社会地位。他对公众的嘲笑不以为然，对他的天才相当自负。所有的荣誉都开始落在他身上。例如，1847年他出访英国，受欢迎的程度并不比查尔斯·狄更斯差——从个人的角度讲——比他更幸运。他很高兴，也很满足，感到一切都是那么顺理成章。他参加了德国小王子的聚会，听他们并不漂亮的妻子的颂词，接受他们的邀请和奖章，但是他对所有这些并不感到奇怪。在他的一生中，他深信圣诞老人的确存在。如果这位圣徒晚一些到达这个世界上，又会发生什么事情呢？

安徒生安逸地度过了他的后半生，满足地抽着他精制的烟斗，担心每一项新的发明都能打破他像孩子一样热爱的这个世界的和平。他翻出他的小说，自我感觉到比童话里的主人公更高贵。他在许多文明的城市中受到所有人的热诚欢迎。按照我的看法，他会一直这样做下去。直到100岁。但是，很遗憾，在67岁的时候，他从床上摔下来，伤得很重，再也没能恢复健康，于3年后死去。

世界上有两种所谓"简单"的人：一种人是那些因为缺乏复杂的内心世

鸟儿前来听
圣方济各布道。

21

界而简单的人。他们生来简单，过着简单的生活，直到生命的结束。如果他们还诚实、头脑还清醒，而还愿意工作的话，他们会以某种简单的方法，做一些简单的工作，得到同事的尊重和经常性的影响，因为他们都是出色的仆人或者渔翁，或者是办公室里的生机勃勃的活家具。但是也有另一种人，他们"简单"是因为他们复杂得不可救药。我们对他们的唯一解释是：这些人（包括男人和女人）最适合于打破世界单调而平常的存在，以达到无限广泛和深远的目的，甚至超过那些废黜皇帝的伟大征服者。

方济各和汉斯·克里斯蒂·安徒生属于后一类人。他们生活的方式和目的截然不同，但是，幸运的是在上帝创造的奇迹中需要所有类型的人。在这种情况下，他创造了两种极端不同的人来追求同一个目标。一种人用他们的行为，另一种人用他们的语言，向我们展示了一个虚幻的世界。他们用精神反映了所有存在的事物。他们深信欲望能使他们获得真正的幸福。

方济各向田野中的小鸟和动物布教，因为除他自己之外，没有任何人对他的理论感兴趣，有听众总比没有听众好。直到人们对这种"不合理"的现象感到有点羞愧时，才决定最好是来听一听，抓住一点这位奇怪的预言家所看见的真理的光芒。

安徒生出生在19世纪早期的写实主义时代，在年轻时饱受痛苦的折磨。他创立了幻想的王国。在这个王国中，大自然中所有的动物，曾经是方济各的朋友，都扮演着人的角色，像真正的人类一样，拥有贪婪、狡猾、魅力和同情，并根深蒂固地存在于这个动物王国中。

所有这些都给我们上了一堂很好的道德课。当我用双手创作时，我得到了许多乐趣。我可以逐一地告诉你们。

乔安尼·克里索斯托穆斯·沃尔夫冈古斯·西奥菲勒斯是莫扎特的父亲——乐队指挥先生利奥波德莫扎特给他登记的教名。作为他父亲唯一的儿子，莫扎特从来没有用过乔安尼或者克里索斯托穆斯这个名字。他把西奥菲勒斯翻译成阿马德奥（而不是冗长的日耳曼语的戈特利布，后来，为了演出方便，他经常把名字意大利化，写成沃尔夫冈·阿马多）。他把他的四重奏贡献给他热爱的朱塞佩·海顿，尽管他的邻居都知道这位伟大的心地善良的

安徒生在为孩子们讲故事。

人叫约瑟夫或者佩皮，但是在18世纪末，没有这种装腔作势姿态。这是完全必要的事。

18世纪下半叶的维也纳，不像前几年的纽约，或者17世纪70年代的伦敦，"国产"的天才都被怀疑缺乏某种鉴赏的品质，而这些品质又都是那些阿尔卑斯山脉的人与生俱有的。即便是"国产"的天才碰巧比那些从意大利进口的艺术家聪明1000倍。海因里希·施密特以恩里科·曼内斯库勒之名唱过歌，诚实的胡安·穆勒以乔瓦尼·穆·尼亚奥之名演过节目，这是多么荒唐！但是在这个洛可可式的装假的世界中，没有任何有真正意义的事。

令老莫扎特惊喜的是他亲爱的妻子（玛利亚·安娜·珀特尔，来自附近的湖区）替他生了个儿子。他的儿子小莫扎特早在他会走路之前就会演奏拨弦古钢琴。当他还在用尿布时（在那时，小男孩儿都要用尿布，直到三岁），就能创作几分钟优美的曲子。他认定幸运之神已敲开了莫扎特的家门。现在是他充分利用这一机遇的时候了。于是，当小沃尔夫冈（莫扎特）六岁时，那时他的姐姐11岁，他们的父亲开始带着他们到处演出。玛利亚·安娜和沃尔夫冈·阿马德奥在德国被从一个小剧场拖到另一个剧场，然后下一个。他们又累又困，还要到别的城镇去演出。有时他们病倒了，才被允许在租来的房子里休息几个星期。老莫扎特对贫穷体验了很长时间，不希望错过这能挣来数千元的机会。但是，从内心里，他是一个心地善良的人。他深深地爱他的孩子。即使他应有的父爱，也不会折磨他幼小的小天鹅，那两个会下金蛋的小天鹅。

南内尔是一个年轻又吸引人的奥地利女孩儿，她十分淘气，也很可爱，但是沃尔夫冈才是莫扎特剧团中最具有吸引力的古钢琴家。他完全保持着孩子那未被宠坏的幼稚，在他这个年纪的其他孩子，还在流着口水地牙牙学语呢。尽管莫扎特可能成为世界上最令人讨厌的乡巴佬，但在剧场或者剧院演出的几年后，从维也纳到几乎荒凉的布赫斯维克，人们都在谈论着这位可

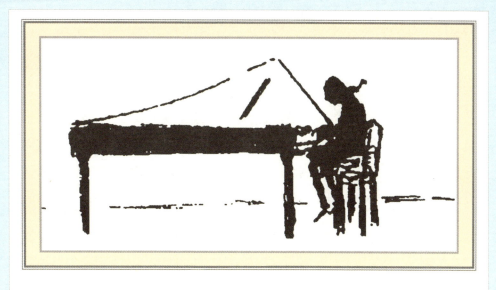

幼年时代的莫扎特在弹钢琴。

爱的男孩儿。他坐在玛丽亚·特蕾莎的腿上，对孩子来说，那是最安全的地方，大胆地向她说："我喜欢你，你真好！"

最特别的故事情节是莫扎特摔倒在宫殿的地板上。他正要哭的时候，一位公主，也是在里斯本灾难性的大地震时出生的，把他扶起来，安慰他。小沃尔夫，这位天真幼稚的小男孩儿，吻了她，说："我爱你，等我长大了，我一定要娶你。"相当多的人都活到了这一天，还是这位公主在狂笑和嘘声中被推上断头台。他们都奇怪，这位可怜的女孩儿不做法国王后玛丽·安托瓦特，而做玛丽亚·安托瓦特·莫扎特夫人是否过得更好呢？那时她是路易十六的遗孀，正要被砍头。

关于莫扎特成名和英年早逝的故事，我们都能经常听到。我最好把他的艺术生涯放到他妻子的第二个丈夫路德维希·科切尔的记载中。他耗尽了一生中的最后几年来搜集所能得到的有关他妻子的前夫的故事，并提供给世界的人们，为的是得到没有预料到的、最令人振奋的公平对待。

这里有一些必要的有关莫扎特的统计：出生于1756年1月27日，在六岁至七岁之间，两次到过欧洲大陆，唱歌、演奏钢琴、小提琴（他的父亲利奥波德撰写了一本很好的有关小提琴的教科书，直到现在还很有用），扮演小丑。这个小男孩儿的生活中充满了欢乐。我们不要责备他的父亲只对金钱感兴趣——也不要说沃尔夫冈喜欢演奏，就像熊一样为的是得到蜂蜜，或者像受过训练的海豹一样用鼻子顶住一个盘子，只为了几条鱼的赏赐。

我们不应该这样评论他。他热爱音乐，而且远不止如此。比如，他八岁时到了海牙。尽管当时的奥兰治家族是众所周知的音乐盲，但他在这位执政者的家中仍然受到了宠爱。他被告知在附近的哈勒姆城有一架风琴，是著名的彼得·斯韦林克的杰作。它有许多音柱和音区，与众不同。不论怎么样，都要求他必须听一听，并在上面演奏他七岁时创作的圣乐的旋律。沃尔夫冈生活在公共马车上，而不是舒适的酒吧中，他一次又一次地感冒，而且还要照顾纳内尔，同时还要尽力创作多声部音乐和大型乐曲。常人需要在德彪西紫色的华而不实的音乐暖房中用功数十年才能完成。

莫扎特只在世上活了35年。多数人在35岁时才开始寻找自我，但那时莫扎特已经去世了。他过度疲劳的大脑创作了626部独立的乐曲（不包括他创作的无论怎么赞扬也不为过的歌剧），包括49部交响乐，29首弦乐四重奏，20首弥撒曲和数不尽的钢琴、小提琴、各种各样的小曲子。善良的老大师海顿曾经说过，仅仅是年轻的沃尔夫冈的弦乐四重奏，就足以给他带来永不泯灭的名誉。那只是他创作的一小部分。让我们记住，所有的东西，只要他一接触，就具有了生命力。只需弹奏三四个琴键，所发出的优美的声音，就像是在呼喊"莫扎特"的名字。这声音一直到音乐结束。

这是多么辉煌的生活——从付出的角度看，是最有价值的；从获取的角度看，自始至终是最悲惨的悲剧之一。这是对人类的恩赐。他的音乐伴随着

莫扎特只在世上活了 35 年便去世了。

你度过事业中最艰难的时期，而他自己却生活在死亡的边缘。那足以耗尽六个平常人生命的劳累摧垮了他的身体，最终死于营养不良、紧张和绝望，葬在贫民区的墓穴中。那时，如果说他的年薪是800美元，那就可以使他多活25年，再多给我们创作一些有价值的作品。

现在产生了一个问题，造成这一切的原因是命运不济，还是由于他自己性格太孤僻，还是两者都有？这个问题不能用简单的"是"或者"不是"来回答。

让我们首先来讨论那些消极的方面，这可能对他不利。这也无疑是他活着的时候，他的同代人攻击他的原因。他最大的不幸是被迫生活在异常无聊和异常目光短浅的哈布斯堡王朝的统治下。玛丽亚·特蕾莎是维多利亚女皇胸襟狭窄的原型。你们可以想象，像这样一个性格复杂的人，音乐对于她来说就像是皇冠和祭坛上的装饰物。整个世界就像是为哈布斯堡的荣誉创造的。所有的男孩儿和女孩儿（上帝，他们的女人真能生！）都被分给一块小花园和几个忠诚的花匠，每日向他们的主人提供新鲜蔬菜和鲜花。

对于玛丽亚·特蕾莎的儿子约瑟夫二世，他聪明，但没有走上正路。他有一个足够聪明的大脑，但没有真正的智慧——一点也不了解用一般人的黏土捏成的同伴。他在他们的帮助下做得很好。他对他们的奢侈和快乐的生活有极大的兴趣。但是，在他的宫殿里没有一个人能说："对不起，陛下，你的改革路子走错了。在您向臣民解释清楚之前，您会把所有的一切都弄得一团糟。在那些忠诚的臣民中，并不是所有的人都像您一样聪明。他们只知道当他们的父亲、祖父活着的时候，事情就是这样做的。他们不能想象这个世界能以与现在不同的方式运转。给他们时间！首先向他们解释您的计划，然后再执行，但是，进度一定要很慢、很慢。"

那不是约瑟夫做事的方式。最终，他像处理个人事务一样开始了他的改革计划。改革计划涉及社会的每一个角落。从而激怒了每一个人，社会秩序一片混乱，而且国家还卷入了一系列的对外战争中，这些战争注定都是灾难性的。没有人相信他的领导才能，最终在他死时，新政被迫中止。国家处在愤怒和怨恨之中。人民的积怨如此之深，在奥地利以外的任何国家都会引发叛乱和内战。

这位被误导的陛下对音乐的感觉比他死去的母亲要强得多，但是，不知为什么，莫扎特从来不皈依在他的光环之下。年轻的莫扎特无疑拥有天才，陛下也是认可的，但他作为作曲家的能力被他们个人的缺点所抵消。这位最不自由的自由人曾经给帝国的皇冠增添了光彩。陛下不能忽视他的这位臣

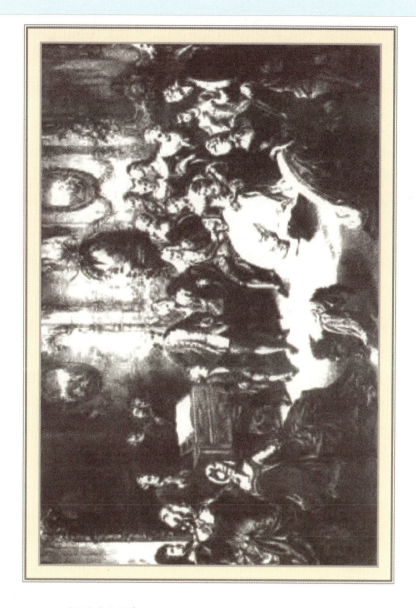

莫扎特在圣母前

民。记住，那时的维也纳仍是一个发展中的小村庄，被王朝和贵族统治着；
请记住在那时每10位居民中就有一位秘密探听者，甚至皇家和帝国的客人都是警察监控的对象。这里有一个有趣的说法："尽管戈特希尔夫·施特拉斯741号的何洛伊斯·胡伯尔每月只能挣到五元钱，昨天却有人看见他的几个女儿都穿着长筒丝袜"；或者"今天早上，维滕贝格大公阁下看望他的女儿利希滕施泰因公主时，带了一双紫色的舞鞋。"

尽管在莫扎特死后得到了天使般的荣誉，但他绝不是哈布斯堡所期望的美德典型。他也不是一个酒鬼，或者一个生活放荡的人。他总是生活高雅，或者是在作曲，或者是带着几个年轻漂亮的女朋友到镇中最昂贵的糖果店买一个他喜爱的冰激凌——这是他上次访问法国时尝到的最好的食品。他年轻漂亮，姿态宜人。当赚到没有预料到的50奥地利先令时，他总是在想为什么不在落入执行官的口袋之前花掉它呢？

不幸的是，他从不知道在花完这50奥地利先令后如何不再花钱。当他只有50奥地利先令时，他却要花掉51奥地利先令。即使是一个经济学的新生，哪怕他只有1—A的水平，也会告诉你，这必定使你走上破产的道路。经过短暂的忏悔后，他会赶快到一些乐于助人的朋友那里借一小笔钱。上面提到的新生会告诉你，这是到达贫困的捷径。但是年轻的莫扎特几乎和威尔金斯·米考伯一样是一位乐观主义者，他会很容易地恢复勇气，向自己保证一定能得到某个固定的职位（不论是什么——教堂的风琴师、唱诗班的教师——什么都可以，只要有固定的收入）。所有这一切都会变好的。为了给他将来的资助人留下一个美好的印象，他可以再借——100奥地利先令，还给他的朋友50奥地利先令，用剩下的钱换来一件鲜红的大衣（买的，当然是赊账的）。这件大衣给他带来了特别的气氛，使他感到又一次站在了世界的顶峰。针对这些事情，莫扎特无疑是极端愚蠢的。这不是一个有理智的人的做事方式，但是，有理智的人是创作不出《费加罗的婚礼》，或者《魔笛》等名著的。它完全取决于我们认为是我们的文明中最重要的部分——对物质获取的看法。他把每一次冒险都转变成一次幸运的赌博，他是一位用音符和旋律讲故事的人。他没有一点存款——在他死去的时候，他为他的继承人留下的所有的财富只有一件衬衫。

当然，我讲的是一个极端。他们都是例外。他们中也有数千万的平民，在尽最大的努力使自己过得更好，甚至从他们的冒险中获得一定的满足。那么，在当时，尽管奥地利，特别是维也纳拥有大量的财富，但募集到800或者是1000奥地利先令来延长莫扎特的有用的生命是不可能的，只有一个人一直在帮助他，普鲁士的腓特烈·威廉二世（老腓特烈的侄子）邀请他到柏林，并在他的宫廷中为他提供一个职位，年薪是3000奥地利先令，而约瑟夫答应给他的全部也只有800奥地利先令，但莫扎特拒绝了。为什么呢？那是因为他忠诚他的国王和他热爱的维也纳。他的国王和他热爱的维也纳又是怎样回报他的热情的呢？意大利人垄断音乐和戏剧已有200年的历史。他们有计划地用唱错调子或其他方法诋毁他的《费加罗的婚礼》，以至于把这个名著演奏得注定要失败。讲到这里，您可能要打断我，问我为什么18、19世纪的维也纳能成为全世界的音乐中心呢？维也纳生活在音乐之中，以音乐为生。维也纳无疑有一些贵族家庭，他们不仅热爱音乐，而且能够理解音乐。他们为所有杰出的人敞开大门，甚至有时，对待一般才能的人也一样，但他们不能做所有的事情。一般的公众仍然是，而且一直保持着与他们截然不同的做法。他们会花上一笔钱去听一些著名的可以唱到C高调的被阉的男歌手的歌。他们会排队买票欣赏一些意大利的花腔女高音的新作。但是，他们从不给予自己的同胞一点支持。莫扎特坚持歌手必须用本国语言唱歌。即便是莫扎特用熟练的意大利语写出来的作品，他们也听不懂。约瑟夫也曾经抱怨"充满了音符，无法欣赏"。最后的结果是，当剧场中有空位时，最好的选择是看外国人的演出，而不是奥地利帝国臣民的演出。

自第一次世界大战以来，萨尔兹堡作为众所周知的音乐圣地，情况又怎么样呢？在莫扎特一生的相当长的时间里，当他的父亲还受雇于宫廷的时候，萨尔兹堡一直由一位擅长羞辱为他工作的艺术家为乐的人所控制。他像对待用人一样对待他们，让他们在他住所的通风走廊里等几个小时，而他却正要忙着处理"国家大事"。

当萨尔兹堡的大主教听说莫扎特在维也纳演出时挣了一小笔额外收入时，他把莫扎特的年收入由500奥地利先令减少到400奥地利先令，禁止他演出、或者教学生以挣回失去的收入。当他想到他被皇帝侮辱时，尽管皇帝有

莫扎特像

一些缺点，但仍是一位有品德修养的人。他不愿返回萨尔兹堡，再受萨尔兹堡主教的羞辱，但是皇帝命令他收拾行李，离开维也纳，用自己的钱返回萨尔兹堡，再也不许返回奥地利的首都维也纳。当莫扎特受到这最后一次侮辱后，产生了反叛情绪，他认识到自己是一位由教皇亲封的音乐骑士和波伦亚大学的名誉作曲家，不能像对待偷了鼻烟的男仆那样对待他。主教在信中如此卑鄙地漫骂他，解雇他，在莫扎特的官方传记中，没有人敢全文引用这封信。

莫扎特在落入利奥波德二世（他在1790年从他哥哥那儿继承了王位）的妻子，当时的女皇手中以后，受到了什么样的对待呢？这位西班牙国王的女儿曾经听过莫扎特为她和她的丈夫写的歌剧。这位西班牙女性，她甚至不能拼写出自己的名字，勃然大怒，结结巴巴地说："简直又是一个德国猪！"

时光飞逝，也有一些人意识到了莫扎特的天才，但是更多的人认为他的音乐有点太时髦，太特殊，听起来不舒服。尽管他们模糊地认识到，他们听到的是一位具有非凡天才的音乐家的作品，所以，如果说在他的一生中，没有得到承认，也是不公平的。他被认可，同样被欣赏。他的许多老朋友和有经验的朋友都站在他的一边，尽他们的最大努力帮助他，并呼吁社会应该重视这位最伟大的音乐家。

但是事态的发展同样却走向邪路。为什么莫扎特一直没有找到一个合适的工作呢？为什么他有许多富裕的而且有权势的主顾，却还要为糊口而赶写一些作品，直到他筋疲力尽而死去呢？

你会注意到，我故意用了大量的时间绝望地抓住所有的小细节不放。我坦白地说，我自己也不知道为什么。

我最准确的猜想（就我的能力而言）在我前面已提到过多次的暗示中。在每一个行业中，不管他是多么聪明的天才，多么勤劳，艺术性多么完整，他仍需要运气。一些音乐界的莫扎特的同代人证实了我的观点。例如，海顿就有幸认识了一位犹太教的演出经纪人（最早的一位国际演出经纪人，从那时起，他们就扮演这个角色）。他唆使海顿离开了他的家，并把他带到伦敦。在那里老海顿沉浸在巨大的成功之中，60岁又开始了他新的音乐生涯，在他忙碌的一生中创作了许多优秀的作品。

幸运女神从来没有看望过可怜的沃尔夫冈，即使是他的妻子去了，他可能正在忙着教钢琴，或者其他的奇思异想（这位看似没用的妻子是世界上最后一个知道如何为她所嫁的人做家务的人）；也有可能他正在没有尽头的旅途中，也有可能是去一个奥地利的小城镇，在那里，他被保证至少有一打小提琴家和长笛演奏者为他的下一出戏伴奏；也有可能正在忙着创作一部新的歌剧，剧本"把他们都装进去了"。他的剧本作者洛伦佐·蓬特把他们都写进剧本中。这位好奇的威尼斯人为莫扎特写了《费加罗的婚礼》剧本，也有同样的悲惨遭遇。他在纽约开了一个杂货店以养家糊口，后来在美国开始了他的戏剧冒险生涯，最终卒于1838年，那时他是现在的哥伦比亚大学的意大利语教授，这是我的猜想，恐怕我们都不清楚。我们最好到此为止。

03 东西方二圣哲——柏拉图与孔子

　　像大多数所谓受过教育的欧洲人一样，对于那位在过去两千年中给予了在某方面可谓地球上最聪明的民族一种生活哲学的人物，我实际上一无所知。他赐予那个民族的生活哲学使得那里的人们能够在经受了许多其他民族没有经历过的苦难和屈辱之后尚能保留一份幸福。至于柏拉图，这位国家管理科学的创始人，我对他的兴趣总是起伏不定，以至于我从来没能确切地知道我的立场到底是什么，不知道当有人说，"啊，是的！柏拉图"时我该如何回答。有时我非常喜爱他、崇拜他，把他看作至今最重要的思想家，但间或他在我看来又只不过是一个聪明的语言编织家，一个碰巧与这个世界无任何联系的政治理论不太勇敢的倡导者。但得益于在费勒城度过的那些平静岁月，我可以更好地思考，于是我能够更好地了解柏拉图努力要证明什么。

　　应该记住一点，我们所了解的柏拉图在中世纪和文艺复兴时期要比他刚去世后的那些个世纪中更受推崇。因为希腊已不再是一个独立的国家了，希腊民族在自身无休止的争吵中，在试图在一个90％的人口是奴隶的社会建立某种可行的民主的努力中慢慢走向了自绝之路。

　　因此，柏拉图与那些学习现代国家管理的欧洲学生不同。他们只会编织有关理想政权的故事，在一只眼睛盯着盖世太保的同时，另一只眼睛则盯着通向里斯本客机和美国的最近出

雅典卫城古迹，经
过两千余年沧桑，依然
屹立。

口。距今500年前，我们可能会在他们今天躺着的地方发现他们藏匿的书
籍，然后我们会惊讶于那些现代人在讨论拯救欧洲文明的可行方法时运用的
那种高超的方式。但我们也会知道他们美好的梦想终究毫无结果，因为现实
在他们完成使命之前便打败了他们，将他们投入了集中营。他们不会再从那
里走出来，而是逐渐在无人理睬、残酷虐待和饥寒交迫中死去了。

在柏拉图完成他的实用政治手册时，这已对任何人都不再有什么实际用
途了。在他死后不久，那位从北方过来的暴君吞掉了整个东方世界，希腊沦
落为第七等省份，成了庞大的马其顿王国一个微不足道的部分。几年之后，
这个王国将从多瑙河畔一直伸展到印度河。因此，柏拉图只在一段真空中发
挥了作用。雅典人统治古代世界的伯里克利时代的荣耀仍然让人记忆犹新，
而随后的屈辱岁月也同样让人难以忘怀：来自斯巴达的野蛮人，那些一直相
信黄油可以变成长矛的人，从容地摧毁了雅典人花费痛苦代价建立起来的王
国，使这座曾由雅典娜掌管的城市沦为一片废墟，城墙不复存在、公用建筑
坍塌，人口也因这场灾难而锐减。

虽然一方面毁掉这座具有长达4个世纪历史，曾是古代文明中心的城市
的物质存在是可能的，但另一方面，事实证明，要想熄灭雅典科学家和哲学
家们在爱琴海岸竖立起来的"实际观察的智慧"灯塔要困难得多。当雅典城

作为独立的政治单元不复存在时，它却依然是旧世界最重要的教育中心。来自地中海沿岸、寻求最佳教育机会的聪明年轻人或迟或早都会找到通向这座位于爱琴海湾的城市的道路，即使在雅典不再作为一个国际力量和商业大都市发挥作用以后的若干世纪中，来自欧、亚、非三洲的如饥似渴的学生们也纷纷涌向这块阿提卡土地，在其中某座专业学府学习，为今后开始艰难的谋生做好准备。

我们今天意义上的大学是在若干个世纪后才出现的。教学在当时还只是以马克·霍普金斯坐在原木一端而一名学生坐在另一端的形式进行着。莘莘学子常常被迫做出极大的牺牲才能获取他们必需的学习费用。他们态度都很严肃，很明确自己想干什么。他们来到雅典不只是为了获取一个学位以便在返回罗马或亚历山大城时可以成为"大学俱乐部"的成员。他们去雅典是为了寻找当时的教育市场上最优秀的产品；他们在这个市场上四处寻觅，直到最终找到他们要找的东西。他们到达目的地后，为了获准聆听负责确定他们选择的师长的教诲而必须付出可观的一笔费用。然后他们可以坐在先生的脚下一边听讲一边提问。与先生探讨天上人间每一可能的题目，直到最终他们或许得以见到几条永恒的真理，只有借助于一流智慧者和相互碰撞产生的智慧火花，这些永恒真理才会显现。

这些雅典的先生并没有努力将上帝分开的东西重新组织到一起。如果一名学生被认为不具备在文学和科学领域成功发展所需的天赋，他们不会忍受他多久的。他的老师也许会为他感到难过，但如果他缺少必要的智力，他们会告诉他成为一名好的、可靠的木匠或石匠，而不再要他为一个毫无价值的博士学位而苦苦挣扎。

我猜想，作为普通的人，他们也会偶尔在某位罗马战争暴发户的贿赂下允许他那不太聪明的儿子进入他们的学府，但这样做的目的是为了向那些他觉得具有超群能力的学生提供免费奖学金，于是乎这并无大碍。直到很久以后，当世界对于温顺、谦恭之人已相对安全了，当精神上的优越感在这个世界上已不再有存在的必要了的时候，标准才有所降低。

现在让我提供给你几个日期，以便你在思想上对柏拉图的活动有一个更确切的概念。他出生在，或大约出生在公元前427年，即古伯里克利去世的前两年。公元前404年，在一场长达近30年的战争，即伯罗奔尼撒战争之后，雅典向斯巴达投降。城墙塌陷、海军覆没，它在构成古希腊诸国中的首要地位也随之丧失了。公元400年，色诺芬写出了近2300年间学习希腊史的小学生们必读的、格调极为低沉的史书。我提到这一点仅仅是想说明希腊从以前的高位上摔下来的反差究竟有多大。一万名希腊人被迫成为波斯人的雇佣军。而在100年前，可能恰恰是他们自己在雇用别人。

西方圣哲——
柏拉图

同时，雅典迅速地经历了各式各样的政府，从短命的、不太幸运的寡头政治试验到更为灾难性的短暂纯民主政治。在纯民主时期，雅典的圣名由于法院判处苏格拉底死刑而从此染上了污点。

事情发生在公元前399年。当然，苏格拉底是柏拉图的老师，可以把这一年当作柏拉图整个发展历程的一个里程碑。柏拉图曾三次访问叙拉古。他是作为当时古老的迦太基政府首脑的政治顾问被邀请来的。当时的柏拉图似乎仍然生活在一种幻想当中：在某时某处，某位伟大的领袖会派人送给他这样一封信：

敬爱的教授先生：

人们都认为你是活着的人中最懂得政府的。我控制着这里的一切。我管理这座城市，每一个人都知道我是这里的老板。不会有哪位富有的商人因为买通了某位地方立法委员而能对我施加任何影响，因为立法是不可能买到的；也不会有低贱的煽动者通过向地方工会肆意鼓动而得逞的，因为我不会允许他们仅仅凭一张嘴便收买住几百万人的心的。我努力使劳动者都能得到体面的工资，给予他公平的待遇，那样他就不再需要什么组织来迫使雇主对他保持公正。我们拥有陆军和海军，但如果发现有哪位官员同我们的任何一位前政客讲话，便立即对他施以绞刑。

至于我们的妇女，他们与男人享有同等的权利。有聪明才智的妇女仅仅因为她们碰巧生为女人而得不到尊重，甚至连不如她们的男人都比不上。我们认识到了人口繁衍的必要性，但我们总是把母亲的作用想当然，好像这是自然界的一部分，就像雨、像阳光、像尊敬的男士每天有义务刮胡子一样。

就孩子们而言，当然希望你在这儿花费一些时间来研究一下我们的学校。不论从实际的还是理论的角度上，我们都想把它们办成可能的、最出色的生活培训学校。但在给予每一个孩子机会的同时，我们不想以牺牲更聪明的学生为代价去恩赐那些比较迟钝的学生：即便是我，这位本城的统治者（我想你会看到，从你上次来访至今，这个城市已有了极大的改善，因为我们已拆除了低级公共住宅，已把强盗们施以了绞刑）——即便是我也认识到所有的人生来都是平等的。唯一的难题在于他们的平等持续不超过几小时或几天。在那之后，就我来看，每个人都必须接受自己的命运，因为我不想比上帝更聪明。似乎上帝注定了我们当中那些最贫穷、最少恩宠的婴儿将来升至难以预料到的高位，而另一些来到这个世界时便具备了各种可能的优越条件的孩子却终生都只是个笨蛋，他们或死在绞刑架上，或死在收容所中。

因此，我希望你能改革我们的学校制度，使其能建立在这样一种基础上：能够给予我的每一位学生一个充分发挥他或她能力的机会，让他们从这个星球的定居生活中获得最大可能的满足，并保证他们去通往成功的路上尽量避免那些无用的努力，尽量避免那些仅仅是为了满足其自负而采取的行动。

还有许多其他问题，但我希望在你到达叙拉古时再与你讨论那些问题。可是我要先例举出其中几个——公共健康、某种能阻止精神和肉体上不健全的人像兔子一样多产多生的制度，他们已造成我们的疯人院和收容所人员爆满，成为国家这艘大船几乎无法负载的重荷。但对于这些事情——就像我刚才所说的——我要等你来了以后再详谈。同时，随时听候吩咐。

僭主 狄奥尼西乌斯

这类的信可能确实存在过，因为像我告诉你们的那样，柏拉图曾三次访问叙拉古。但他也不得不像孔子一样忍受失望的痛楚。两个世纪以前，那位善良的聪明人曾前去寻找他自己的"智慧王子"。

从理论上讲，两位哲学家的计划都相当可行。可在实际实行过程中人类却固执地拒绝按这种上乘理论模式生活。不管这些哲学家的逻辑多么完美，生活仍然以自己的美妙方式进行着。柏拉图所敬爱的老师苏格拉底是全雅典最聪明的人，可是却被社会上最低贱的分子无情地迫害致死了，他的命运一直是柏拉图生活中的阴影，柏拉图本人并无太大的英雄气概，因此决定避免所有直接的行动而完全致力于培养几名政治科学的信徒。

他活到将近80岁，但他的后半生是作为一所私立学校的校长度过的，并从未涉足过当地政治。

这座高等学府位于雅典附近的一片小树林中，这片树林是为了纪念希腊英雄阿卡代马斯种植的。根据传说，这位英雄告诉了卡斯托耳和波吕克斯忒修斯将海伦藏在何处。除了进行学术知识传播之外，柏拉图挤时间写下了13封长信和35篇对话，他在其中探讨了生活中各方面的问题（包括政治和国家管理），每个问题都由于某种原因让他觉得适合与他的学生进行讨论。这些"谈话"受到尊重的最好证明也许在于这样一个事实——即事实上所有的谈话记录都被保存了下来。虽然古代文学的大部分正无可挽回地失掉了（包括早期基督教的一些圣书），而柏拉图的作品却一直完好地留传下来了。即使在罗马沦陷后若干世纪的动荡岁月中，当新教派不仅谋杀老柏拉图哲学的杰出倡导者，而且还肆意焚烧他们所能找到的有关书籍时，也仍有相当数量的柏拉图忠实学者藏起了至少足够其子孙后代享用的无价之宝。

结果，我们都彻底熟悉了这一最伟大古代作家的思想。在过去的2300年中，我们没有一刻与柏拉图分开过，可他却没能对我们种族中哪怕仅几个比较聪明的灵魂产生影响。例如，我们可以在多数教堂的创始人的作品中找到柏拉图的痕迹。中世纪的学者尽管忠实于亚里士多德，却也很容易受到柏拉图的影响。大学启蒙运动大发展的18世纪尽管在不断重复对普通人的爱却也完全是柏拉图主义的。今天，由于与柏拉图理想中的真正领袖相对立的人物

柏拉
图的学园

（很抱歉，但我必须再次提到阿道夫·希特勒）的出现产生的冲突，这位雅典伟人的名字不知怎么被暴力和残忍的预言家给覆盖住了，而后者似乎完全控制了局面。但请注意我的话！在还有些许理性重返我们不幸星球的时刻，柏拉图会再次得到他应得的声誉的。

　　的确，他有时因为太学术化而让我们感到烦恼，让人觉得他仿佛生活在真空中，完全不了解人类种族。但这只是他的"品质缺陷"之一。而他的品质却是如此伟大以至于我们可以很容易地忽视掉几个缺陷，因为还是这些品质才使得柏拉图的书在过去2300年中得以存活下来并保持清新的。荷马当然比他还要早，除了他还几乎没有什么作家（特别是哲学方面的）可能在一代人之间存在！而柏拉图在能够真正放松并且能够在几分钟内忘掉苏格拉底是因为比教给他的学生少得多的事情被判处死刑的时候，他会让人听来好像在从华盛顿或其他某个现代首都写信，且信的内容完全好像是在今天而不是在公元前370年写的。

　　以他的《共和国》一书中的几段为例，那是在乌托邦作为政治批评的一种形式被发明以前出现的一种真正的乌托邦。在刚刚痛苦地经历了眼见着自己热爱的雅典变成了一片废墟（完全由于自身的错误）之后，他让苏格拉底，也是他的大多数对话的主人公，来讨论一下这一恶性循环——它几乎使得人类无法逃脱自身政治愚行的束缚。

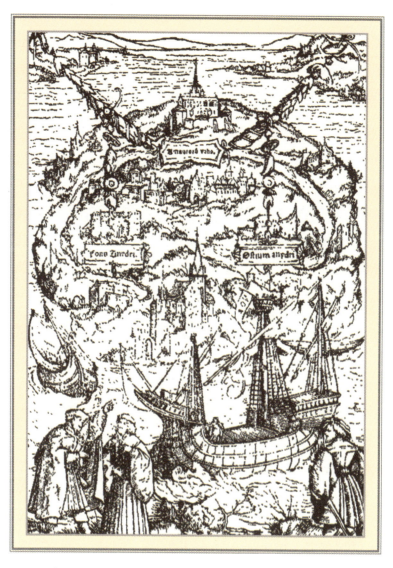

乌托邦岛图

43

　　这只是故事的一部分。这位老凿石匠（苏格拉底从他父亲那里继承的手艺）在雅典成为古代世界最富有的城市时，刚刚向当权的富豪阶级表示过赞美。"这些肩负使命的新人装作从未注意过那些他们已经毁掉的人，他们策划着将他们的刺激物——当然是指他们的钱了——注入任何一个不能总是对此保持戒备状态的人体内。通过这种方法，他们每次都成功地收回了最初的投资，而同时，他们使本阶级以外的人都变成了懒汉和乞丐。他们会一直这样干下去，直到最终人们看到了自身的危险。他们的绝望给他们以勇气，于是，他们起义反抗压迫者，并胜利地宣布民主战胜了专制和富豪统治。

　　"在胜利带给他们的最初喜悦中，他们会杀掉许多反抗者，并放逐几个，然后慢慢安定下来，开始向幸存者显示该如何统治这个世界。但时隔不久，这些民主人士很快也变成了富豪和专制者过去的模样。他们利用数量上的优势在每次选举中赢得多数选票，然后他们便可以为所欲为了，因为无论他们颁布什么命令，总可以说成是'合法的大多数人'的意见。因此，当他们将政府职位在他们自己人当中分配时，当他们通过不断提高救济使人们高兴时，他们的行为完全是合理合法的。

　　"当然，为了维持群众的好感，他们被迫做些暴君和寡头政治家们可摒弃的事情。他们必须讨好大众，结果所有的标准都因越来越多的庸俗而降低了身价。礼貌也变得粗俗，因为没有人可以得体地表示礼貌。很快形势便很明了了，正像疯狂地追逐财富必然最终毁掉寡头统治一样，过度的自由也终究会使民主垮掉：之后便又出现了另一个衰落期，因为在这种状态下，无政府主义便会抬头，直到它的触角伸进所有的私人家庭，最终连动物也不放过，为父者习惯了沦落到儿子的地位，儿子则对父亲傲慢无礼，好像他们根本就怕他。教师也开始畏惧他的学生，学生则轻视他们的老师。从这个时候起，年轻者和年长者变得平等了，年轻人准备好了从语言到行动与年长者相竞争，而年长者则无益地模仿着年轻人。最终，所有的马和驴子开始以自由人的权利和尊严并驾并驱，一切都突然沐浴在自由之中。

"结果如何呢?

"这种所谓的自由的过度膨胀引起了相反的效果，因为无论对民族还是对个人，过度的自由似乎肯定要逐渐演变成奴隶制，最残酷的暴政一定会从最极端的自由中产生，因为一旦自由成为通行证，专制便为时不远了。富人因为害怕民主的盛行会剥夺掉他们的一分一文而开始苦心积虑地琢磨着推翻敌人的方式方法，这时某位英明的领袖很容易攫取政权。为了达到这一目的，他可以向穷人承诺一切。然后他又自己建立一支军队，先除掉他的反对者，再除去他的朋友中的那些危险分子。清除旧政权以后，他自己又变成了暴君——唯一的统治者。"

"在这种条件下，"正如柏拉图（通过苏格拉底之口）小心翼翼地指出的那样，"哲学家不再拥有宣扬节制中庸和相互理解的空间了。可怜的哲学家如今像处在一群野兽当中，如果他还聪明的话，他最好隐退，如果还有时间的话，他可以暂时躲避在某堵墙下等待着风暴过去。"

这便是柏拉图整个职业生涯的主旨。当风暴呼啸肆虐时，一位富于思考的人却对此无能为力。就让他暂时躲避灾难，等待人们或许还会听从理智的时刻的到来。他强调"或许"，因为他像孔子一样对那样的时刻能否到来并不十分清楚。但千万不要冲向城墙投入战斗。任何训练有素的斗士——些可能并不太聪明，但却被训练成使用武器的身体强壮的粗人——比起那些终生都在玩弄思想而非炮弹的人来战斗厮杀的本领还是强得多的。哲学家并不是因为怯懦才采取这一行动的，而是源于他对事情是否合适的感受，因为他意识到，作为一名人类灵魂的医生，他与医治肉体的医生不同，后者也只停留在战地的后方而非前沿。

在他以自己满意的方式解决了这些事情并发现他的思想发挥了作用（至

少在理论上）后，柏拉图开始集中力量探讨人类的行为怎样才能遵循理性的法则，通过什么样的方法才能根除对这样的发展构成危险的因素，以及如何像从劣种马、牛、猪、羊、蜜蜂、谷物中培育出优良品种那样（世人对此已再熟悉不过了），建立起一个完美的政权。

柏拉图在雅典卫城脚下传授学问。

这真是一个非常高尚、非常值得称道的思想！各个时代的最伟大的思想家的灵魂在他们生命的某个时期都曾被这种思想占据过。其中一些人从庄严、神圣的角度接近它，这是典型的柏拉图方式。另一些人，像来自拿撒勒的木匠师傅，则试图通过将人类置于上帝的直接监督之下来解决这一难题。还有一些人，像伏尔泰和斯威夫特教长，则把讽刺作为进攻的武器。托马斯·莫尔以为他可以通过将某种瓷器蛋———种他称之为乌托邦的瓷器蛋——放进人类的窠臼中来解决问题。笛卡儿努力通过应用纯数学理论找寻一种解决的方法。斯宾诺莎提出了道德新思路。卡尔·马克思将经济作为其特殊的研究领域。拉伯雷在他自己创造的世界中将一切事物都进行了丑化。还有介于中间的各种哲学家、圣贤和大师（真正的或者需要打些折扣的），他们或饿死于阁楼之中，或丧生于地窖之下。他们可能会赐予他们的同类一种超度的蓝图，他们一直在整个天国和地狱中寻觅着那个最重要问题的答案："我们怎么才能够拯救人类自身呢？"

但最终，他们的命运也同欧玛尔这位帐篷制造者一样（一位最有趣、最振奋人心的真理寻求者），他在下面的四行诗句中总结了他终生的求索：

年轻时我曾孜孜不倦地上下求索，

学者和圣人，聆听着他们。

关于真理的伟大争论：可是永无止境，

于是从进来时的那一道门我又走了出去。

自从我对那些试图通过提供某种建立在严密原则基础上的行为规范而使人类彻底摆脱动物阶层、并为此而疯狂战斗的人们产生兴趣以来，我对于他们每个人受到自身政治和社会背景影响之深感到非常震惊。斯宾诺莎虽然是在一种严格的犹太主义氛围下长大的，却把荷兰共和国政府模式当作他理想的政权形式。伏尔泰曾让他小说《老实人》中的主角说出他自己的信念，"让我们耕耘我们自己的花园"。这显示出他是个好法国人。柏拉图在描绘他理想中的共和国时，基本上重复了伯里克利领导下的最高程度雅典联邦模式。当我们潜心研究柏拉图体制的核心所在时，我们会发现什么呢？

柏拉图相信，如果能够劝说每一位公民最大限度地发挥他自己的能力，就有可能建立起一个快乐、繁荣、与四邻和平共处的国家。这样，国家就获得了公平、公正的基础，其他一切事务便可以稳固地建立在这个基础之上。

他意识到这个概念有点太模糊，因此又给出了达到公民品德的四点具体要求，它们是：每一位公民必须具备一种公平感，必须虔诚，必须有理性，必须具备当时机出现时能够为维护国家的安全而勇往直前的勇气。一旦他具备了这四点品质，这位公民便不会再犯错误了。他会像伊曼纽尔·康德一样，头顶一片星空，手持一本绝命书，随时准备迎接各种世事变迁。

像所有其他古典哲学家一样，包括犹太人在内，柏拉图从未对经济生活方面显示出任何严肃兴趣。他的生理需要，就像希腊人、罗马人、犹太人、其他地中海人一样，几乎不存在。一座土坯房子足以为他挡风遮雨。他可以在舒展的橄榄树枝下教书，就像耶稣能够随便在哪个山坡上向同胞发表演说一样，天气似乎从来就没有冷得让他和他的学生感到有必要到有暖气的大厅里去。如所有其他希腊人一样，他的饭量小得很，因为他生活在温暖的气候中，不必像新英格兰大学生的讲师那样必须生炉火。衣服也无须花很多钱。但更重要的是，一支几乎数量无限而且极其廉价的劳动力大军的存在，包括那些一旦被买回来生活开支几乎不用一文的奴隶，使得这近千名希腊自由人得以完全致力于国务。

使得他们得以活着而不必担心经济状况的那种悠闲，在一种新的潮流盛行，他们的经济安全不再存在时，会出现怎样的结局呢？柏拉图似乎从来就没考虑过这种可能性，在我看来，这似乎是他的最大弱点。即使在他自己的小世界当中（毕竟，从以后的情况发展来看这只是一个很小的世界），在这样一个对构成希腊政权的几千名自由人比较容易进行教育的世界中，也是靠战争和暴力来维持秩序的。当大力宣扬人类平等的基督徒让这个世界不再存在奴隶制（即使要达到这一目标至少花上1900年）时，当其他几亿男人和女人觉得有必要实际参与政治事务时，情况会怎么样呢？

美国历史能对这一问题带来一些启示。只要我们仅仅是13个小殖民地（在这样的殖民地中实际上所有的人都可能相识），那么就有可能出现一小群领袖人物在四项柏拉图品德的激励下担负起管理共和国的重任。华盛顿、亚当斯、杰斐逊、麦迪逊等都深受柏拉图哲学的影响。他们所有的人都非常清楚地认识到他们对国家的责任。从孩提时代起，他们的大脑中便深深刻下了这样的烙印。既然他们生来比同代人具有某些优势，人们也就期望他们比不如他们幸运的人更加竭尽全力，因此他们必须成为勇敢、公平、理智、虔诚——这里指这一常常被误用的词的最广义的典范。简而言之，每个人不仅了解构成该国法律一部分的《人权法案》，而且也深知那种不成文的《义务法案》，那是他自己道德规范的不可分割的一部分。因为如果他们把家搬到小社区中生活，他们的邻居就有可能仔细地按公共舆论的尺度衡量他们，在他们觉得合适和必要时接纳或摒弃他们。

我认为这正是从公元前4世纪到大约100年前的所有柏拉图主义者的最大弱点。条件彻底地发生了变化，因此不再存在供比较的稳固基础。但另外还存在着一个不为大多数人所熟悉常常完全不被发觉的柏拉图。正是这个柏拉图在研究了个体的人和观察他们对某些政治、社会刺激的反应后深入其后；其外，努力了解那些对他们产生深刻影响的无形力量，并最终将这些力量归结为一，即上帝。

我还在孩提时代时便受到了这样的教育：犹太人及他们以后的基督徒是唯一信仰单一上帝的民族，因此他们要比其他教义（包括古老的哲学体系中最高尚者）的追随者们优越。我接受了这一教诲，就像大多数孩子会接受教给他们的几乎一切事物一样。并不是因为他们觉得十分认同这种或那种观点（凭他们的有限经历又怎么可能呢？），而是因为他们至少学到了这样一个聪明之举："为什么要与那些从不理解任何事情的成年人争吵，那又有什么必要呢？"从那时起，我便一直（从未被任何宗教课题深深吸引过）小心地寻找着答案，这究竟是不是真的，是否真是耶稣首先向我们提出唯一的天父理论的。

确实，希腊人和罗马人从未把他们自己的天帝看成父亲的角色，因为父亲对孩子往往犯下太多残酷的罪行，因此是不会胜任那一角色的。但他们早就过了仍然相信孩提时代听过的那些故事的年龄；故事讲述了智慧女神雅典娜如何从宙斯的大脑中全副武装地走了出来，牧人之神潘如何喜爱在路边的灌木丛中制造怪声以恐吓孤独的流浪者，所有的神如何在特洛伊战争中立场鲜明，并参加了战斗。没有了荷马之名赋予它的光环，这场战争只不过是有关一个男人偷了另一个男人的女人的极不光彩的一场争吵罢了。他们并不公开宣称他们的不信任。跟今天的我们差不多少——我们对这些教义态度漠然，把它们看成幼稚的诅咒、变质或变形——我们只在自己的朋友当中表明自己对这些问题的观点。我们会因此而伤害那些至今这些教义仍意味着生死的极好、极善良的人们，但我们肯定不能仅凭几句争论就让他们改变看法的。因此，在柏拉图的理论中，人们不会碰到对他自己那个时代盛行的宗教迷信的公开攻击。他曾随意地提到过，但从未将它们扩大为一种问题。相反，他采取了聪明的策略：一方面，他不再去理会各类神灵，让那些看不见的生命就留在白雪覆盖的山顶好了；另一方面，他开始着手在一块遥远的高原——那是一块又高又远，几乎没有人肯穿越的高原上竖立他自己的神灵。

特洛伊木马

当然肯去跨越的几个人一定是社会群落中有着最顽强灵魂的人，对于这些人来讲，如果可以向真理靠近一点儿，那么无论多大的努力都值得。其余的人可能会最终决定追随这些大无畏的开路先锋，但柏拉图并不十分有把握这一途径是否完全可行。

我们当代研究者（从我遇到过的许多人来看）常把柏拉图称为"智力小人"，之后便把他当作与我们这种民主毫无干系的人不再予以考虑了。我无法完全赞同他们的观点。柏拉图是一位艺术家，因此也是一位贵族，对他来讲，最好的本身就是再好不过的了，在生活的本质问题上他不会接受任何妥协。在这样一个对大多数人来讲比次好已经是再好不过了的时代，柏拉图会忍受暂时的阴暗，但属于他的时代终会再次来到，虽然你和我，我亲爱的朋友，都不可能再亲眼见到了。

现在让我们再来看看那个遥远的地方，那片对我们包括我自己完全陌生的土地。我从未到过中国，但这并不意味着我从未见到过中国人。我确实见过，我发现那些人们在他们的勤劳和保持愉快的心境方面很值得敬佩。我听说当他们学坏时，他们坏得也很潇洒。但我所熟悉的那些人通常都拥有某些忍耐和勤勉的品质，这使得他们比起他们的白色、棕色、黑色邻居们，尤其是白人们，要高人一等。至于那些受过教育的人，他们在各方面都远胜过我，这一点让我觉得很惭愧。

我最喜欢的中国人品质是他们那种真正的伊拉斯谟式的忍耐精神，那种酷似蒙田的令人愉快的思考风格，以及赋予他们所说或所写的一切一种愉快的拉伯雷幽默感的那种机智（骂人话或其他）。最后，还有他们那种对事物内在含义的微妙感受。他们对于那些西方人往往误认为是诚实的笨拙举动从不感到内疚。我的完全熟悉中国和中国人的朋友一直不停地告诉我说这个说法有点太夸张了。

也许所有这一切都是真的。早期旅行者和我们自己文明的逃亡者留下的间接证据使我一直相信的这个太平洋伊甸园却与我多年以后实际拜访我们星球上那块极其可爱的土地时亲眼所见的可悲事实不完全一致。但当我踏上塔希提和夏威夷的土地，看见文明给这些愚昧的当地人所带来的丑恶时，我迫使自己记住在一个半世纪的时间里，这些可怜的生灵一直生活在白人捕鲸者、白人贸易商以及基督教传教士的救济之下，更不用说那些为了自己的掠夺目标而霸占这些岛屿作为军事哨所的白人航海家和欧洲国家的海军们了。因此，就中国人而言，在我有更好的认识之前，我将坚持我原来的观点，即普通的中国人（除非被白人和基督教环境宠坏了）受到一种生活哲学而非宗教体制的影响，这种哲学使得他们能够比我一直与之一起生活的其他种族的成员更能从自身的世俗存在中汲取更多的满意和知足。

那么很自然，我觉得有必要回答这样一个问题：中国人之所以为过去、现在的中国人的原因是什么？他们为什么能够做到这样呢？他们具备了我们西方人不具备的哪些品质呢？寻求答案的唯一途径就是读许多书。在阐述中国谜团的每一卷书本中我迟早会碰到一个据说是对中国人之所以成其为中国人、并对他们在过去的2500年中一直这样做而负有主要责任的人，一位预言家，或哲学家（人们以各种名字称呼他）。

他的名字叫孔子，但当欧洲人最终听说了他的名字时（大约在他死后几千年），却将它拉丁化了，结果变成了Confucius，从此以后他便以此名著称。

孔子于公元前551年出生在一个古老而显赫的家庭。这让我们西方人看起来有点愚蠢！我们真是那么年轻吗？在耶稣基督诞生前500年，那时我的祖国还不存在呢。尼布甲尼撒刚刚从巴比伦的海岸上消失，耶路撒冷的第一座大庙堂仅仅在几年前被毁灭。梭伦也刚刚去世，雅典卫城还要再等一个世纪才会被授予巴台农神殿。至于罗马，还只是一个在绝望中挣扎着反抗自己对手——伊达拉里亚人——的乡村小镇，再过400年以后它才可以称得上是一个帝国的中心。

因此，当我们西方人还只是生活在泥房里、把脸涂成天蓝色的野人时，中国人已经学会用美丽的瓷盘吃饭，用精美的图片装饰房屋四壁了，而且绘画技艺之精湛是任何现代艺术家无法超越的；他们已经给予了东亚世界一位

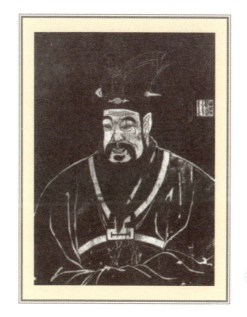

孔子像

大智大慧的预言家，凭借着他的智慧，他向几亿人民传授了一种日常生活的哲学，那种哲学一直在过去2500年中影响着他们的子孙后代，并且至今仍如从前一样至关重要，一样可行。

很抱歉我只能提供给你们有关这位圣人的二手信息，因为汉语在我来说是一本合上的书，我已超过了学会它的年龄。

孔子21岁时开始了他作为政府官员的职业，他被任命为今天的山东省土地和公用田地管理人。这就意味着在我们的祖先仍然只是个游牧民族，过着

永远处于饥饿边缘的劳动糊口生活时，中国政府已偶然地对计划经济发生了兴趣。

可是，正规的市政服务职业似乎对这位年轻的孔子无多大吸引力，不久以后他便辞职当了一名学校教师。他做出这一决定时年仅22岁，当时他已结婚三载，有了一个儿子，这个儿子又生其他的儿子。一些中国朋友告诉我说这位圣人的直系子孙仍然存在的说法是真实可信的。因此，孔子家族能一直维持了70余代，这本身就是一项纪录，因为我们没有哪一个意大利家族能追溯至古罗马时代，而一个能够寻根至1500年前的西欧家族就像英格兰偶尔出现晴暖天气一样稀罕。

所以在22岁①的年龄，我们的主人公已在创办着自己的一座学校。但这是一座很特别的学府，因为授课的内容不是通常的学科，而是专门致力于让学生们认识善与恶的存在，并教导他们如何培育道德、避免罪恶。入学的唯一条件（即便以我们今天的观点来看也很不正常）是具备严肃的求知欲望和学以致用的刻苦精神。学校不收取学费，来自富有家庭的学生应为那些除了身上的衣服和盛米饭用的木碗以外一无所有的求学者负担基本生活费用。

这所学校引起广泛的注意。鲁国一所豪华宅邸的两个儿子被父母送到这位年轻导师那里聆听教诲。当他们的家人建议由他们的家庭教师陪他们同去时（有点像18世纪欧洲的情形），他接受了这一请求，并利用这一意外的机会完善了他自己在汉语语言和音乐方面的知识。据传说，他就是这样结识了著名的老子——这位比他年长许多的道教创始人的。

孔子时代的道教意味着什么？今天又意味着什么呢？我必须再次承认无知。我只能说它是一种教给人们真正的幸福只有通过一丝不苟地遵循道（法则）才能获得的人生哲学。在老子看来，道似乎意味着过去5000年中一代又一代父子相承的古代礼仪之集大成者。除了这种对过去的尊崇，道教还宣扬

---

① 孔子办学在鲁昭公十七年（前525）左右，孔子时为26岁。

在思想和行为上保持尽可能的单纯。在这一点上，它与各个时代圣人们的结论相一致。

老子似乎给孔子留下了很深的印象。而从老子这方面讲，他似乎对这位来访者根本不感兴趣，或者说对他遇到的麻烦不觉得丝毫的同情。然而他的确遇到了麻烦，而且还很多。在他离家在外时，他的家乡爆发了一场革命，当权的统治者被赶下了台。作为法制和秩序化身的孔子是不可能同意这种暴力行为的。当合法的王子被放逐时，他和他的弟子自愿追随他而拒绝篡权者的统治。

从此，孔子便开始了一种流浪的哲学家生活。他一直认为在某个地方一定存在着这样一位聪明、有远见的领袖——他会真正需要一位有学识的人为之效劳。可是这样不同寻常的当权者一直相当少见。关于一位伟大的统治者和一位智者相结合的最新例子也是大约2个世纪以前出现的，即在腓特烈大帝登上普鲁士王位之时，那位国王实际上做了柏拉图和孔子一直期望的事情。他派人请来了当时在世的最著名哲学家，请他一同住在王宫里。但这一试验却远未获成功，最终的结局是腓特烈和伏尔泰痛苦地分手了。从那时起，政府更倾向于起用健康专家、畜牧专家和森林保护专家，我们从未听说过华盛顿政府派人去请过威廉·詹姆士或乔治·桑塔雅那，我很怀疑19世纪五六十年代的政治首脑们是否知道有一位拉尔夫·沃尔多·爱默生的存在。

因此，除了几次特殊的情况，孔子从来没能够在任何地方待上较长的时间，其中一次这样的情况是在他52岁的时候出现的。一位开明的王子派人请他去担任司寇（相当于现在的司法部长）[1]。这位圣人的任务完成得非常出色，不久全国上下皆知道了他的存在，可是在那之后不可避免的事情发生了。那些从前得益于政府事务混乱的人士（敲诈勒索者和一些政客，就像我们今天所称呼的那样）如今失掉了工作。于是他们马上联合起来反抗这位过于诚实的改革家。孔子没有坚持与这些人进行斗争，而是悄悄地辞官回乡

---

[1] 鲁定公十四年（前496）左右，孔子56岁以鲁国大司寇摄相事。房龙引文不准确。

了，并在那里平静地度过了他生命的最后15年。他在家乡进一步扩大了他弟子的数量，最终该数字超过了3000。用他自己的话说，其中大约80名①弟子是具有卓越才能、能真正领会先生意图的。

孔子在73岁时去世，也就是将欧洲人从波斯人进攻中挽救出来的萨拉米斯之战结束后的第二年。据那些在他离开人世时陪伴在他身边的弟子讲，他十分从容地迎接了自己的末日，对未来没有丝毫的恐惧。他从未相信过来世，因为儒教从未发展成为一种宗教，它不需要以天堂或地狱来约束其追随者。这位年迈的绅士最终退出了生命的舞台，因为他厌倦了对那一直未能出现的邀请的等待。他现在被迫认识到这样一个事实：即没有哪位国王会请他出任相（总理），给他一个显示应该如何凭借智慧和诚实来管理国家的机会。在他进入长眠之前，他吟出了一首中国人一直极为喜爱的叙事短诗。这诗被人们保存了下来，读起来几乎与我在讲述柏拉图的小故事结尾处引用的四行诗一模一样：

"大山坏乎！

梁柱摧乎！

哲人萎乎！"

《旧约·传道书》的作者对此也很感兴趣，虽然他是以一种略微不同的形式来表达的："虚空的虚空，虚空的虚空，凡事都是虚空。"意义大致如此。

韦伯斯特这样总结孔子学说："作为一个哲学体系，它是众多中国伦理、教育、政治、宗教的基础。孝、仁、义、礼、智、信是基本的品德。"这是一种非常高尚的行为规范，每一位有理性的人都会认同的。

基督教两千年来也一直在积极倡导这样的品德，但是这20个世纪中我们经历的却是暴力、残酷和大规模的杀戮、盗窃——是将朋友与敌人一并杀害

①孔子学生大约有三千，其中最优秀的有七十二人，房龙引文不准确。

的远征——是手持机动枪炮的人向弯弓搭箭的土著人发动的进攻、是虔诚的神父请求一直宣扬"互爱"的耶稣保佑勇士的业绩。

那么，像我刚才已经问过的，究竟是什么在支撑着这些贫困的中国洗衣工人在一种几年时间便会令其他任何人类毁灭的艰难条件下生存下来，又是什么使得他们能够忍受那些白人——他们由于自身的贫穷而不得不生活在那些人中间，为的是能够让他的孩子将来成为与他的所谓的基督教邻居的后代迥然不同的文明、礼貌的小市民的呢？是的，究竟是什么在起作用？难道孔子赐予了这个世界某种哲学的指南针，凭借着它，他的每一位弟子都能够在无论何种天气下安全地驾驶着自己漏水的小舟穿越地图上的任何部分吗？还是在孔子降临人世之前很久中国人的品格就已经完全"定型"了，这位圣人只不过是为了那些平时太忙于日常事务而没有时间去亲自研读古代哲人们留下的著作的同胞们的利益，将这些结晶加以具体化了呢？

现在，我们又回到了鸡生蛋还是蛋生鸡的问题上了。究竟是16世纪荷兰人的宗教是伊拉斯谟的宗教呢，还是伊拉斯谟是16世纪荷兰人宗教感情的表

中国人的生活场景

白呢？是笛卡儿给了17世纪的法国人一种崭新的生活态度，还是他本人是已经存在了千百年的思想的最终产物呢？我不知道，恐怕我永远也无从知道。但是我怀疑是孔子的品格而非他的著作（正像他的弟子们著述的那样）给中国人的品格留下了深深的印迹。

功劳完全在于孔子的《论语》与今天我们在许多小城报纸上见到的文字片段相似，其目的仅仅是在没有真正的新闻时填补编辑版面。大多数内容都相当普通，少量可达到已故的阿贝·马丁赠予《印第安纳波利斯新闻报》读者的哲言警句的高水平。以下是从孔子和金·哈伯德的文学遗产中随意摘取的两个例子。

那位中国圣人曾讲道："贫而无谄，富而无骄，可也，未若贫而乐，富而好礼者也。"而那位印第安纳哲学家则说道，既然贫穷没什么可耻的，那大家何不都来做穷人，"世界每天变得更好——只是每到晚上便变得糟糕"。

如果我决心仿效蒙田，拿出画笔在我孙子的教室中画出给他们以启迪的内容的话，我敢肯定我会把金和孔子都提供给他们。那会使孔子成为中国的阿贝·马丁，阿贝·马丁成为印第安纳的中国人。为什么不呢？因为正是他们的"家庭"感（从这一词的最好含义出发）才使得他们受到广大平凡、普通的人民群众的喜爱，使得他们成功地做到了许多比他们口才更佳的哲学家一直无法做到的事。这两个人都是乡下人，都非常熟悉那些依靠、利用、享受土地的人们，因此两个人都是自然哲学家，因为没有哪一个能与自然有着密切接触，经常观察四时交替、潮起潮落，并且依靠阳光雨露生存的人会不成为一名田园圣人的，除非当地的巫医控制住了他，使他失去自我，成为上帝创造的所有生灵中最可恨的人——一名小镇狂热分子。

现在甚至连孔子最大的敌人——那些对他恨之入骨的统治者在他刚一

去世便下令焚毁他的全部书籍——也未曾责备过他。他极讨厌偏执和多管闲事。为了寻求最佳的生存和使他人生存的策略他殚精竭虑。他对于使他人生存的思想尤为感兴趣，为此，他坐在自己那简陋但整洁温馨的小屋里，拿笔墨纸砚，问着自己这样的问题。"我该怎样，以何种方式教导人们以最低限度的痛苦和最大限度的满足来享受生活呢？"

其他哲学家和其他信仰的创始人也曾做过同样的事，但没有一个人获得过如此的成功，因为孔子是唯一一位一直将眼光牢牢盯在那块他非常熟悉的土地上的人。正是这块土地在培植了他的大白菜的同时也培育了他的思想。

认为儒家教条缺乏宗教品质的指责无疑是正确的。孔子不是超灵魂论者，他不否认存在一个世俗之外的世界，但他觉得那种为被保佑者提倡的天堂家园和来世生活之说证据模糊，依靠的完全是从未到过那里的人的传闻。

另外，孔子生活的世界在很大程度上是一个可以触摸到的事实存在。没有人能否认它的存在，因为每个人都可以看见、听见或闻到它的存在，人们甚至可以坐在它的上面，触摸它。如果他们饥饿难忍（在中国这是常事），他们可以把它当饭吃，以此来使生命再痛苦地延续几天。孔子如是教诲，作为理性、智慧的人，人类应当能够善处逆境，因为只要具备些许理性和智慧就可以成就许多事情。

他讲道，有时会发生这样的事情：在一次旅途中，为等待一座桥被修复，或等待一辆马车驶过来装运行李，一个人常常不得不去某个异常贫穷的小村子待上几天。在这种情形下，一个智慧而有理性的人该怎么办呢？他会研究一下形势，清点一下财产，相应地作出计划。他不应当指望会在一个没人养得起牛的地方找到上等牛排。那么何以果腹？怎样用几块肉少得可怜的排骨做成一顿美餐呢？除了萝卜以外没别的蔬菜。有什么办法可以将萝卜变成人可以消化的一道菜呢？客栈更是无处可寻。但某处可能会有一座破落的庙宇，可以将它收拾得舒适一些暂度几日，等等。通过不辞辛劳的搜索，他甚至可能在村民中发现几个有趣或灵巧的人物，同他们度过一个愉快的夜晚，听他们讲述恐怖的野兽故事，或倾听他们演奏的笛曲——即使在这样偏僻的所在，也总是有一些怪老头们还记得一些其他地方早已消失的曲调。最好的莫过于交些朋友，或至少由于自己的彬彬有礼、优雅的称呼和文明的举止而受到村人的尊重。

现在我们把该场景由内陆的一个小村落转移到位于某大河岸边或某大省份的海岸上的某一大城市。在那里，他要与之打交道的人物会略有不同，而打交道的方式应当完全相同。直到有可能建立起一种相当稳固的行为规范——这种规范无论何时、何地，无论何种情况下都适用——使得最贫穷的苦力和最富有的商人和勇士都有可能带着最大的满足和最少的痛苦度过他们在地球上的短暂时光，这也正是每一位有识之士都会很自然地努力追求的。

下面让我提供给你们有关这一思维规范的几个例证。这种思维规范是我从读过的有关孔子和儒教题材的厚厚一大摞书中抽取出来的：

礼貌是社会机制的土壤。因此，不论在何种情况下，即使在最痛苦的条件下，也要使自己表现得彬彬有礼。一切男人、女人和孩子在你面带微笑而不是皱着眉头走近他们时会乐意为你提供更多的服务的。因此，一定要保持微笑，即使在你肚子很疼，更想诅咒而不是表现得快乐时也要微笑。

一个社区中的年长者更容易控制一个城市或村庄的社会和经济生活，因为他们手中有钱，并且，除非他们是彻头彻尾的笨蛋，否则他们会在这个地球上长期的生存当中获得某种实际的智慧。因此，对年长者更要表现出尊重。这会使他们喜欢你，然后相应地你也会逐渐喜欢他们，这样便建立了一种很好的相互理解，对年轻人和年长者都有益。

如果一个家庭永远处于无休止的争吵中；儿女敢于顶撞父亲，或对母亲说她胡说八道，这样的家庭是没有什么前途的。因此，鼓励孩子们在父母面前保持礼貌和谦逊，让父母以理解和忍耐对待他们的儿女，这会使家庭内部生活和谐宁静，因此家庭便成了大家都喜爱的安居之所，从未见过你的陌生人会从你的个人外表来判断你。你可能会有一颗金子般的心，但这在第一眼时没人会注意到，但他会立即注意到你衣服领子上上周搅鸡蛋时溅上的污渍。因此，要努力保持自身清洁。你的衣服可能会很旧很破，但至少你可以把它们涮洗干净。

在与其他的商人做生意时，你可以在一定程度上不老实，而至少在一段时间内不被发现，但终究你的邻居会发现你的劣迹，到那时你的商业生涯便会告终了。因此，在所有的交易中都要以诚待人。如果你有狡黠的本性，一定要控制住这种本能的冲动，因为诚实终究会带给你回报，你出来是为了谋生，对吧？圣人常常化装成乞丐四处流浪，因此，要善待乞丐，因为你也许遇到的正是一位圣人。

我可以再讲上几页这样的内容，但这些是为了让你们对我对孔子和他教义的想法有个大概的了解。我知道随着时间的流逝，他的许多语录都显得呆板了，似乎所有的箴言命运皆如此。有人告诉我说我对这位老绅士的宣判太宽宏了。他们说孔子从心底里是一位保守派，甚至是反革命派，他巧妙地为统治阶级提供了方便，后者也热心地赞同他关于年轻人应当服从长辈，奴仆应当服从主人的主张。我觉得这一反驳很有力。

但我们自己的宗教也适同此理。罗马圣彼得处供拜的耶稣与我曾在一家破旧的拉普人教堂中见到的耶稣就完全不同。在那座拉普人教堂中，一群狗围满祭坛四周，没有人忍心把它们赶出去，因为外面的温度是零下30摄氏度。那种腐朽堕落的佛教命运也如此。这一所有信仰中最纯洁最高尚的宗教创始人，在这个世界上走完了他自己预言的80个年头后，投奔了我们大家未知的领域，在那之后的500年中，佛教在整个印度和中国依然盛行不衰。我想我甚至可以说，对于我们的大多数科学来说，尤其是医药科学，情形也依然如此。在一般弟子的手中应用的医学远远不同于那些希望减免他们同胞疾苦的新治疗方法的最初发明者的初衷。

所有那些有资格加以评论的人士悲哀地指出，事实上音乐和绘画也同样存在着表现模式越来越呆板固定，以至于逐渐失去了与真实生活的直接接触，变成了不得不扔到垃圾堆里的东西了。即使像拜克迈塞学究式的诗律，也在快乐的纽伦堡少男少女们的嘲笑声中退出了历史舞台。

04 中世纪终曲——但丁 文艺复兴华章——达·芬奇

但丁·阿里盖利这个人的名字很奇怪，德国人有一种讨笑的习惯，即谦恭地宣称任何有点作为的人（只要他们与其北欧高贵种族方案相合）为德意志人，他们试图证明但丁的名字源自条顿民族，最初是阿尔迪杰或类似的东西，但丁本人似乎毫未意识到自己有德意志祖先。事实上，他承认他对自己的先祖几乎完全没有了解。在进行著名的下界之游时，他巧遇他的曾曾祖父之一，他有一个罗马化的名字卡齐亚吉达或类似之物。我记不得这位五大三粗的战士和十字军战士因犯了什么大罪或轻罪而被在地狱中受烤炙了，但他身在那里，与其后人有了一次令人高兴的简短交谈。但是，作为一位诗人而不是历史学家，但丁极可能精心杜撰了这一不同寻常的祖先，就像我在《伦勃朗传》中杜撰了善良的约阿讷·房龙博士一样；房龙博士自此以后就被专条收入《德意志药剂学百科全书》，虽然他仅仅存在于我的大脑中。

下面我还想当即说明一点，以免我们混淆事实。但丁撰写《地狱篇》并不是为了增加我们对14世纪的历史知识。他希望借此表现他个人对他在其政治生涯中接触到的许多人的看法。

他留给我们的喜剧通常被称为《神曲》。从字面上看它是神圣的，因为与这位神情抑郁的佛罗伦萨人相比，带着如此多的怨恨、如此多的憎恶、如此深的报复欲望写成的著作微乎其微。

对但丁的父亲，我们所知甚少，只知道他结过两次婚，还有其他一些孩子，但在但丁自己的生活中都没有起特别的作用，大都不为人所了解。但我们对但丁的背景有充分的材料，证明他虽然不属于贵族，但出自殷实之户，其父亲和祖父在社会地位上和经济上都是社区中有根基的人物。但一论及他孩提时代和青年时代的详情，我们又再次处于黑暗状态。他的父亲有能力让他受到当时平民所能受到的最好的教育，而且这样做了。因而，这位未来阴间的哥伦布并非文学领域白手起家的人（有些人曾这样宣称）。他在13世纪下半期的一座中世纪城市里学到了所能学到的一切（但丁出生于1265年），对经典著作十分熟悉。

我们所了解的这一时期但丁唯一另外一个插曲是他首次见到可爱的贝雅特丽齐·波提纳利时的激情：他一时发狂了。虽然他钟情于这位少女，但他看来从未与她约会；这并不令人惊奇，因为他们在故城街道上首次相见时两人都只有9岁。

这一爱情受挫故事与我们所有人非常年幼天真时都会有的那种折磨没有多少不同，但在但丁这一极其内省的作者心中，这种记忆的影响比对我们要巨大得多。因而我们在他所有的作品中一而再地遇到这位可爱的贝雅特丽齐。然而，与他从政的决定相比，她对他其后生活的影响连一半都没有。

你一定记得你在学校历史课上学到的东西，一定能认识到，当时在佛罗伦萨从政，不属于两个党派之一是不可能的，这两个党派仅一个世纪中一直在为控制城市而战。年轻的但丁因而面临一个抉择：套用我们的话说，他要么成为一位共和党党员，要么成为一位民主党党员。

　　但丁刚出生时，佛罗伦萨所有显要家族都分属于吉贝林派和居尔夫派两个界限分明的阵营。由于我老是忘记谁属于居尔夫派，谁属于吉贝林派，我最好再翻书了解一下他们。居尔夫派（该词很好记，它来自德语中表示狼wolfs——是一显赫的萨克森家族）长期以来对抗霍亨斯陶芬王朝，其对手则支持德意志皇帝。在意大利，后者被叫作吉贝林派，它是意大利人称呼其最大的城堡之一韦卜林根的一个方式。德意志这两个王朝间最初的斗争逐渐蔓延到阿尔卑斯山脉以南，结果出现了就像德意志的居尔夫派与霍亨斯陶芬王朝派那样激烈对抗的两个政治派别，但形成的根基不同。在意大利，居尔夫派是那些希望教皇成为意大利主要权力、不愿意以德意志皇帝为其领主的

但丁先生及随从缓缓向费勒行进。

人，吉贝林派则支持德意志皇帝，视之为未来亚平宁半岛整体的独裁者。

这样解释可能有简单化之嫌，即吉贝林派通常是独裁者，居尔夫派则代表较为民主的因素。当然，不是我们现在意义上的民主，但作为大批中产阶级的代表，在几乎完全失色一千年后，最终开始重新获得对政府的某些旧有影响，几乎用不着着重说明，富裕城市在感情上主要属于居尔夫派，乡村地区则是吉贝林派占上风。在佛罗伦萨这一工商业堡垒，但丁出生之前，居尔夫派曾短暂失势。然而，两派间的情感过于强大，难以完全消失；但丁步入政坛时，该城分为黑居尔夫派和白居尔夫派，或按他们的说法简称为黑派与白派。这些黑派与白派就像美国现代的民主党和共和党那样彼此相斗。

但丁自30岁起成为佛罗伦萨市政府的成员，恰巧属于白居尔夫派。因而，当又一场完全出乎意料的地方动乱致使黑居尔夫派重新执掌权力后，他以及该派所有领导成员不得不离开故城，并受到警告：倘若他们胆敢再次踏上佛罗伦萨的土地，就将被处死。这就意味着600家支持皇帝胜过教皇的人突然被剥夺了他们的所有财产，变得一文不名。对他们中的许多人而言，这意味着末日来临。其他一些意志较为坚强的人在白派当政的邻城安顿下来，靠从事体力劳动或受雇于当时意大利很典型的血汗工厂养活自己。还有一些人成为职业流亡者，把时间用在密谋推翻故乡当政政府上，他们接受任何愚蠢地出资资助他们的人的钱财。

但丁是个例外。作为文人他必定已经享有相当高的声誉，因为他从不缺少至少可以支付日常所需的钱财。这些极为简单。虽然如此，每周几元钱对一位政治难民来讲仍意味着日子难挨，而但丁看来手头一直只有那点钱。由于他现在没有任何固定职业，他觉得他首先做点比其同行的多数意大利人所作所为更有意义的事并了解一些有关其他同志的事是个好主意。

　　首先，他前行到米兰，向新当选的神圣罗马帝国皇帝致意，该帝国具有日耳曼人渊源，公元800年由查理大帝创立。由米兰开始他游历了整个北意大利。此后，他获得了大批支持吉贝林派或帝国事业的意大利王公的一时款待，移到了小城拉文纳，在那里在当地独裁者圭多·达·波伦塔的保护下度过了余生。他在那里完成了其不朽诗作，于大赦年1321年9月14日在那里去世。

　　在去世前几年，但丁曾获得机会回归故城佛罗伦萨。但鉴于他曾归属一个可恶的政治集团，作为惩罚，他应交纳巨额罚金，同时应在一所教堂里举行当众忏悔仪式。他在自己保留的一封信中拒绝这样做，读起来与托马斯·曼回复可恶的纳粹派波恩大学校长的高贵文件非常相像；这位校长收回了九年前授予这位德国最杰出的作家的荣誉学位。这令我们羡慕但丁，偶尔甚至喜欢起他来，因为像这一不幸的流亡者对其出生城市有着那样狂热的爱的人很少。但丁知道他被判的是终生流放。但这爱是不由自主的。他不能做别的什么。荣誉比其他一切都重要。当他感到他没有犯下罪过时，他可能不觉得自己有负罪感。因而他当机立断地拒绝请求原谅，即便这意味着他再也不能看到他钟爱的托斯卡纳的低丘，再也不能站在他首次见到亲爱的贝雅特丽齐的缓缓流逝的阿尔诺河畔那一地点。与其自贬身份，他宁愿在拉文纳松林中以高贵的孤独状态度日，不原谅人也不被人原谅地死去。

　　自然而然，这些苦难的流亡岁月注定对他整个人生观产生影响，它们是但丁的那种遍及各方面的精神阴郁产生的原因，这种阴郁状态往往使人感到读他的书是一种责任而不是一种快乐。但它们也将赋予他所写的一切东西一种明确无误的高贵情调，虽然他在领我们去见某些被他打入地狱最深处的人时是位极不可靠的导游。

　　我认为这一点应比平时大加强调。《地狱篇》是但丁为自己的生活所作的辩护。它证明他在仍很年轻、充满为国效力热情时从事的政治活动是正确的。假如威尔逊总统有时间撰写他自己版本的"地狱篇",人们难以奢望他会把洛奇置于圣人中突出的位置。

因而,对但丁的《地狱篇》的描述,应当极为慎重。它是有史以来成见最深的政治论著之一,正是这使得该书如果不加大量注疏,今人越来越难以欣赏它。但丁的同代人当然了解书中的每一个暗示和影射。在某种意义上,他是他们的"专栏作家",只不过与其现代多数同行走得更远一些。他不只建议他的某些敌人应当在地狱的熊熊烈火中度过余生,他实际上把他们打入了地狱,让他们在那里受烈焰炙烤。

现在让我略微谈谈他的著作,因为在但丁一例中,书是主角,作者只属于第二位。他把其名作的开篇定在1300年复活节前星期五,虽然他真正开始写作的时间一直未能为人确定下来。我们也不知道他何时完成写作。至于他的另一作品《新生》(*Vita Nuova*),他献给他永不忘怀的贝雅特丽齐,其《飨宴》(*Convivio*)是14世纪的一种知识著作——书中各卷虽具有毋庸置疑的优点,但从未真正成为基本部分。它们与阿尔弗雷德·丁尼生的历史戏享有同等地位。人们宁愿做六周的苦活,也不愿读其中的一卷。

下面我想看看(主要是出于自娱)我是否可以用尽可能少的文字,总括一下为但丁辩护的文字,并说明,虽然有许多相反的说法,在历经几百年后,我们仍有可能坚称,《神曲》仍是一部佳作,其作者将永远置身于最重要的作家之林。

当我提议同时邀请但丁和列奥纳多时,在我而言,这样做是因为他们代表了人类历史上两个极有趣的篇章——一个是中世纪的最后一章和终曲,一个是文艺复兴时期的最早的篇章之一。这些构成我下文为但丁先生论辩的基础。

他是最后一位伟大的具有中世纪遗风的人,因为他是在一位普通人仍有

但丁书中的人物

可能成为一位活的百科全书、了解他那时期和所处时代所能了解的一切的时候进行写作的最后一人。因此，《神曲》不仅是《失乐园》（弥尔顿作）那样的宗教诗歌；此外，它还是有关中世纪人所知所说所想所做一切的评语。确实，假如我们失去了有关中世纪的所有其他资料，仅仅靠但丁的一册著作，我们仍能据此切实可行地再现中世纪的整体生活。

现代人不再希望这样做。巴尔扎克在其《人间喜剧》中向我们展现了19世纪上半叶居住在法国的那一类人。左拉巴试图展现19世纪下半叶的情景。但但丁比两人都要胜上一筹。他活动的空间当然不如刚刚提到的那两位法国人那么复杂。他生活在一个基本上简朴的时代。时间和距离都尚未被完全破坏，上帝仍像开世以来那样治理着天堂与人世。科学实际上并不存在，艺术处理的是相当粗陋的材料，因为音乐器具和现代复制方法，诸如油画，蚀刻版印刷和不褪色墨水等，都要到很晚之后才出现。

要从一地移到另一地，人们仍要步行。如果旅行要跨海越洋，人们只好求上帝保佑，凭猜测起航，没有任何把握能抵达目的地。另外，当时就连最简陋的舒适形式也完全缺乏。因而，王公和穷人实际上过着非常相似的生活。王公可能拥有上千匹马，但他一次只能使用一匹马，行进速度不会比只有一匹骡子的农民快太多；假如骡子乐意散步行进，它可能比王家或皇家牡马走得快多了。

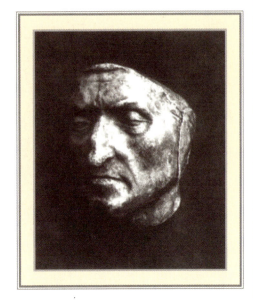

但丁死亡面具

但是，即使在那些有利的条件下，把整个文明以及整个文化循环浓缩成单卷著作，同时没有把该书变成枯燥的百科全书，而是使之成为一部充满活力、富于色彩的一流杰作，仍是一项了不起的杰作。

但丁死后不久，一场以文明再生自傲的文艺复兴运动以勃发的艺术飓风横扫全欧洲。在取得令人骄傲的初步胜利后，文艺复兴时期的人们看不起其直接先辈，同时对他们凝望的13、14世纪的建筑成就同样表示鄙弃，认为它们过于具有哥特风格，太具有蛮荒和粗鄙气息，对他们自己雅致的趣味毫无意义。那时以来我们学得乖了些。现在我们大都更推崇沙特尔大教堂而不是圣彼得大教堂，我们逐渐认识到，但丁用他自己漫长的、理不应当的流亡之苦建造的纸的丰碑远远高于中世纪人的所有其他作品。我知道它不是用砂浆和石头建成的。这位伟大的佛罗伦萨人是用纸和墨建立他那庞大的纪念物的。但是除此之外也添加了另一极其重要的成分——被称为天才的灵魂的神秘特性。

现在我们转过来谈谈一位与但丁截然不同的人。因为，如果说但丁作为中世纪一位完美无缺的儿子"了解"而从无怀疑，那么列奥纳多·达·芬奇则"进行猜测"，从未停止过问为什么。正如但丁是一位现已走向明确的终点的时代精神的代表，列奥纳多是文艺复兴心智的一位完美的代表。

列奥纳多·达·芬奇出生于1452年，死于1519年。我们假定他把前20年用在受教育上。那么他还有47年去做他一生中的工作。考虑到他不仅是各个时代最伟大的画家之一，而且作为建筑师、工程师、雕塑家、运动员、物理学和弹道学研究者、诗人、作曲家、乐师、哲学家、发明家也获得了非凡声誉，同时精通军事事务，他一生必定非常勤奋。

上文我刚刚说过，但丁是最后一位具有中世纪遗风的人，因为他仍能把他那时代的所应可以得到的知识纳入单卷著作；达·芬奇的情况看来与这种说法产生了直接冲突。但是，如果说但丁是过去已知一切的"过梁"，列奥纳多则是先知，宣告将来将要展示出的一切。由于"预言"比"总结"要难得多，因而列奥纳多更伟大一些。但对这样两位在如此不同的活动区域内取得卓越成就的伟人进行比较往往流于无益，因而我就此打住，不多加讨论。

列奥纳多是位私生子，他的父亲是佛罗伦萨一位律师，他的母亲可能是芬奇村人（但对她我们一无所知），列奥纳多的名字即因此而来。父亲对他必定很关心，因为儿子受封的是年轻贵族的教育，对艺术表现出明确的兴趣；他被送到安德烈·德尔·韦罗基奥那里学习手艺，后者当时仍很年轻，但业已以画家、雕塑家、工程师和银匠著称。

谈到列奥纳多，我又回到了"天才"这一引人入胜的话题。最近四个月

达·芬奇自画像

中我们遇到了众多具有突出才干的男人和女子，但我很抱歉地承认，我对他们的了解与他们偶然光临我们这儿之前没有深入多少。但我开始怀疑，天才很像葡萄酒，某些地方比其他地方更适于出产天才，某些年份比其他年份出现的天才更多更伟大。不过我在这一方面不敢太教条，因为世界上一个在其他方面荒凉无物的地区冷不丁会产生一种最优质的佳酿，而其他过去一直出产最佳收成的谷地，突然且在没有明显的理由的情况下变得像澳大利亚中部沙漠那样不长作物，这类情况并不罕见。

精通葡萄种植这门高贵技艺的专家看来对一年与另一年的收成之间何以有那么大的差异有些研究。不幸的是，与卑贱的葡萄不同，人类一直没有成为那类医学研究的课题，因而我们对人的了解远不如对葡萄园产物的了解。在一个以普通个人为关心的中心的世界上，由于特殊人物成为这种研究主题的机会微乎其微，因而看上去没有什么机会马上探究天才之谜。

在此同时，虽然我们自己掌握了一些资料，但它们只能使问题更复杂一些。比如，人们容易理解土地一直肥沃的尼罗河流域之类地区注定会成为最早的文明中心之一，但像希腊这样一个岩石嶙峋、光秃秃的半岛何以突然崛起，成为一座放射出万丈光芒、至今仍在照亮我们的整个文化地貌的灯塔，依然是一未解之谜，因为世界上有许多其他多岩石的半岛，他们对人类进步的总过程没有作出任何贡献。

　　我们还可以再举一个例子。为什么低地国家低平的草地成为一个高不可攀的绘画典范，而其他低平的地域，诸如丹麦，却从未能超出过平庸的水平多少呢？我不知道答案何在。音乐又如何呢？帝制的维也纳无疑是一座严重受到各种检查限制的城市，当地拥有的能量必须找到被禁止涉足的政治以外的宣泄口。这样一来，音乐一直是一种理想的逃避手段，但是维也纳为什么能够在一个时期突然产生格鲁克、海顿、莫扎特、贝多芬、舒伯特、施特劳斯以及其他许多音乐巨匠呢？这也依然是一个难解之谜。哈布斯堡王朝统治下的其他民族受到了同样野蛮苛刻的压制，但他们的音乐创作并无显著发展。每当我讨论这一问题时（一天多次），总有人告诉找维也纳之谜谜底在于这一事实：维也纳人是各种族人的大杂烩，这种混合始终盛产大的音乐才俊。很对，我答道，但答案如果在这里，那么为什么我们自己的拥有一百个民族的城市迄今仍未产生哪怕一位一流的作曲家呢？

　　更难以理喻的是，这种艺术和精神火焰一旦燃尽，再也不能重燃，无论任何人多么费力地鼓起当地热情。近来到现今意大利或希腊旅游过的人会记得（同时极为恐惧地记得）这些国家最近几百年间兴修的丑陋无比的建筑。米开朗琪罗和布拉曼特的国度变成了布利克街并喜爱它。到不知名的莫扎特墓朝拜的人在维也纳仍可听到音乐，但那是舶来的变种，因为维也纳本地的音乐天才随着约翰·施特劳斯而终结了。勃拉姆斯是位外国人，出生在汉堡，那里离维也纳的距离几乎与纽约一样远；马勒和布鲁克纳也是如此。人们曾做出各种努力以重现该泥泞的多瑙河畔城市作为真正的音乐中心的地位，但结果与通过挖掘通往北海的运河使布鲁日再次成为商业城市的尝试一样可悲地失败了。

　　这类例子还有许多。荷兰仍有人在绘画，但伦勃朗和弗美尔类的画坛巨匠消失了；在歌德和海因利希·海涅的故土，人们现在读的是希特勒的《我的奋斗》。

荷兰画家伦勃朗

    我提到上面这些，只是因为这一主题令我着迷。我不期盼或希望找到一个答案，但这种自言自语是我们每一个人都偶尔会沉溺于其中的一种消遣。

现在我们回过来看中世纪晚期和文艺复兴早期的意大利。在但丁去世和列奥纳多诞生诸年之间意大利半岛种植的天才作物几乎是难以置信的；这是一种非常特殊类型的天才，一种普遍类型的天才，这种天才就像在英国一家乡村旅舍吃到一顿美味佳肴那样罕见。

那是一个天佑的时代，博洛尼亚或帕多瓦或萨莱莫的某位不为人所了解的教授可能教授六七门不同学科，而且教得都相当好。那是一个大画家被雇佣为大使并不负使节使命的时代，是作家可以身居政界显职的时代，是各国各城市统治者亲自尝试进行写作、弹奏音乐、绘画的时代，是就连教皇也不可小瞧的时代，因为他恰恰知晓好画与不好的画的区别。

进而言之，这是一个乐园，几乎所有有才能的男青年都有机会一展艺术才华。因为，虽然当时没有而今星罗棋布于各地的音乐和艺术学院，但求贤之心十分强烈，十分普遍，与今人寻找有前途的棒球或橄榄球苗子很相像。一旦有传言说在托斯卡纳或翁布里亚某一偏远的村落有一位崭露头角的画家，那么艺术探子就会迫不及待地去找到他，其程度与今人追寻某位据说在得克萨斯或新泽西非专业联赛中充当游击手或前卫的突出选手一样。

就连中世纪生活的怪物社会背景这个东西也无足轻重了。合法性当然最好，但非婚生绝非一个障碍因素。一切都可以用舒伯特幸福的话语来形容："他行吗？"或"这个家伙通这个吗？"如果他可以——如果他真的通某些事——他就受到欢迎，不然就让他待在原地，继续照看他的羊，围着其锅碗瓢盆转或继续从事复式簿记活动。

文艺复兴绝不是有关人性完善主题的最新的术语。远非如此！15、16世纪的人像中世纪人一样仍对科学漠不关心。他们对那些令人严重关切、不解决它们就不能从事其他活动的社会问题不感兴趣。他们继续十分安宁地生活在一个散发出异臭的世界上。由于对哪怕最简陋的个人卫生也不感兴趣，那些身着美丽丝缎锦绣的文艺复兴时期夫人和先生们竟能容忍一个高得令我们咋舌（认为是完全不必要的人力损失）的死亡率。但那些优秀的人士，虽然在我们认为至关重要的许多事上远远落后于我们，但在其他某些方面远胜我们几筹，在这些方面我们没怎么注意，可以说是忽略。

在中世纪，宗教构成人们日常生活的一个有机组成部分。教会监督、管理他们自黎明到晚上上床休息所思所做的一切。文艺复兴时期宗教开始逐渐失去它昔日对人们想象力的约束，艺术正取而代之，在背弃思想世界几乎整整十个世纪后，新欧洲的男男女女由其漫长而美丽的有关来世得福的梦想中幡然醒悟，发现生活在这个星球上同样是最令人高兴的体验。他们依然拥有在他们先辈之儿童似的人们身上非常典型的好奇心，大惊小怪地拿起他们的新玩具，并把它们变成其日常生活的重要内容，就像仅仅数年之前十字架和玫瑰已经在他们生活中具有的重要意义一样。

与列奥纳多同时代的佛罗伦萨人、米兰人、威尼斯人、帕多瓦人和锡耶纳人并没有因为当晚上演的碰巧是人们趋之若鹜的剧目，因为不去看演出就会碰到邻居高人一等的笑容而去上戏院。他们没有因为担心下次应邀到老板家做客时失去谈资而蜂拥到教堂去看新画揭幕。他们没有因为去剧场是件时髦的事而急切地盼望着，一部新歌剧杀青，也没有因为怪里怪气的艺术家的到来能让他们上下周日的社会专栏而邀请艺术家参加他们的聚会。一些人可能这样做，但空前多的人积极参与所有这些艺术精神的表现形式，因为他们对此确实有兴趣，对此能够理解。正如现代美国城市的公民熟知他喜爱的拳击手的得分，他们能够背诵所有首屈一指的杰出作曲家的作品；正如你会碰到一群准备参加得克萨斯基督徒队和南循道宗队之间一年一度的决战的职业教授对技术精益求精那样，他们能够鉴别作品的高下。

我看来不可避免地要从体育场借来一些东西进行比较。但这是免不了

文艺复兴
时期的威尼斯

的，因为在我们这个时代体育取代了中世纪时期宗教的位置，取代了文艺复兴时期对艺术的爱、16世纪大发现的激情以及法国大革命开幕时对人性的爱。

但现在回过头来继续叙述事实，因为我肯定我现在已给你们提供了足够的背景知识，让你们可以理解像列奥纳多那样的经历在15世纪后半期不仅成为可能，而且被认为是非常自然的。

1472年，20岁的列奥纳多被认为熟练掌握了他学习的那门手艺，得以加入佛罗伦萨的画家行会。正如那一时代的所有其他学徒，他经常替老师作画，但即便在他那些最早的作品中，我们仍可见到伴随他终生的——那灾难性习惯——从未完全做完一件事的习惯——的证据。其原因不难猜到。列奥纳多主要是一位开风气之先的实验者，他受到一种永不知足的好奇心和追根溯源的强烈愿望的驱动，其他一切均无关紧要。一当他感到自己循着正确的路线即将有新的发现，他就对旧的问题丧失了兴趣，转而注意新的东西；作为一位坚信自己是一个真正具有文艺复兴传统的人，他以整个人类领域一应事端为己任，而不是仅仅作画。他大胆地对艺术和科学的所有领域都进行研究。

我们通常以为列奥纳多是位长着一脸浓密的胡须的老人，因为他最为人所知的自画像（用红粉笔）是这副样子。他在年轻时容貌必定迥然不同。他的所有传记都说他最初之所以取得成功，很大程度上是因为他仪表堂堂，因为他有着迷人的风度，另外还因为他善解人意，在与自王后到家庭女仆的任何人交往时都落落大方。

我又一次可在16世纪和我们自己时代之间找到一种相当有趣的相似之处。在现在，艺术家要想能支付起房租并偶或向模特提供黑麦火腿，首先必须向他潜在顾客中的女性发出呼吁。由于不再有任何明确的趣味标准（当150年前洛可可艺术完结后，最后一个世界性的文化模式消失了），现代这些资助艺术的人极易坚持他们自己偏爱的东西必定是正确的，因为，虽然他们不知何者为优秀，但他们知道自己喜欢什么；对这种谈论莫奈曾做出这样著名的答复："夫人，是的，就像奶牛一样。"

不幸，他们往往根本不知道自己喜爱什么，而就像雇用一位管子工那样雇用一位画家或作曲家，派人去叫为人大力推荐之辈，对其能力却并无亲自或第一手了解。如果是管子工，他们当然必须采取某种提防措施，因为水淹地窖可不是让人高兴的事。但一位三流人像，只要调色均匀、镶上昂贵的画框或在当地报刊上登篇漂亮的捧场报道，却总可对付过去。由于心存羡慕的客人对肖像画优劣问题与其女东家一样无知，这一用帆布做成的废料的真正价值不怎么会为人识破，至少在画主生前不会。

在列奥纳多时代，订画的人是男子而非女性，因而艺术家不必单单为了找到各个主顾而屈尊参加社交活动。他可能像其现今后人那样乐于有免费午餐可食，但他不必一边在太太们的鸡尾酒会上饮酒一边商谈售画事宜。

至于列奥纳多，他可以说再幸运不过了，因为他显然对世上女性这一半不感兴趣（或兴趣不大）。他一生大部分时间都生活在男人中间，只是偶尔才为其妻作画或用女子充当他所画圣母马利亚的模特；但尽管如此，他仍受到足够的欢迎，一直有人雇用他，直至生命的最后几天。我想，换在今日，他恐怕很难谋生。但是，虽然他出生在15世纪，他在去世时却成为一名相当富裕的人；倘若他的王公客户更能按时支付报酬，倘若他没有把他收入相当大的部分用在自潜水艇到飞行器之没完没了的实验上，他死时本可成为一位极富裕的人。

不过请允许我回过头来再来谈谈史学家们都极为珍重的那些事实，对此多数艺术家完全漠不关心。下述明细表介绍了1472年列奥纳多成为佛罗伦萨的一位画家师傅至1519年他在巴黎附近小镇昂布瓦斯去世时的情况。

1483年，洛伦佐·德·美第奇派他作为特使出使当时米兰的政治巨头卢多维科·斯福扎（他更以卢多维科·伊尔·莫罗或黑肤色者路易之名为人所知）；洛伦佐是佛罗伦萨统治者，不仅热爱艺术，而且（极为重要）也了解艺术。这一使命的目的是赢取莫罗的好感。列奥纳多完全不辱使命，并在当地广得人心，以至当回归佛罗伦萨时间到时，那位米兰独裁者留他在自己的宫廷中又待了其后16年的大部分时间。

在这一时期，列奥纳多创作了一些画作，但远比这要多的画，包括著名的《最后的晚餐》，都永远处在实验阶段。其余时间他在米兰大教堂创作，监管大公府第翻修工作，起草灌溉伦巴第平原和挖掘马雷姆运河的计划。在空余时间，他还筹划伊尔·莫罗世界著名的盛装游行，专为这些聚会撰写假面舞剧和寓言，外加创作了这种化装表演必不可少的大部分乐曲。

我差一点忘了，他还为城市防御工程绘制了草图，完成了一篇绘画论文，准备塑立一座高26英尺的弗朗切斯科·斯福扎大理石骑马塑像美化米兰。很遗憾，这尊塑像未能完成。塑像原件被几位顽皮的士兵毁掉了，他们在暂时控制该城后用它作练习打靶的靶子。

施工中的中世纪教堂

除这些小玩意儿外，列奥纳多还抽出时间继续进行人体解剖研究，观察鸟类的飞行，建造一架飞行器（如果他有发动机，飞行器应可以上天）；为市政府新址起草规划，招集一群醉醺醺的年迈干巴老太婆，在她们仍沉醉不睡之际观察其面相；在市场举办艺术讲座，教给米兰富有的年轻人骑马和跨越障碍术；与托斯卡奈利（哥伦布在其首次越洋航行中使用了他的世界地图）一起研究数学、弹奏诗琴并为这种极其复杂的乐器作曲，并充当邻近地区政治巨头的建筑顾问和工程师，这些政治巨头应与伊尔·莫罗有相当友好的关系。这样在兴建自己的设防工事或灌溉工程时才能请到这位"全才"进行设计。

当他在米兰宫廷不太忙时，他的最著名的"插曲"之一发生在1502年，该年切萨尔·博尔吉亚延请他帮着解决意大利中部的一些大的工程问题。人们会认为，列奥纳多当时埋首于蓝图之中，不会有时间干其他的事，但正是在次年——1503年——他开始创作扎诺比·德尔·焦孔达夫人像，这位夫人四百年来以《焦孔达》或《蒙娜丽莎》一画中的带着神秘微笑的女士广为人知。

最后，列奥纳多发现自己面临各种各样的订单，不得不保有两个备有各种装备的工作室，一个在佛罗伦萨，一个在米兰，后来他在罗马又有了一间工作室，他的旧恩主美第奇家族现在占据教皇宝座。

没日没夜地埋首于工作和实验的列奥纳多就这样到了60多岁的高寿，当时人们的平均寿命不足40岁。他体格强壮，60余岁仍很健康，但新的一代人成长起来了，像米开朗琪罗和拉斐尔这样的年轻人开始占据他从前具有的显要地位。他聪明地认定退隐的时间到了，绘画和音乐不再像过去那样吸引他了。他开始越来越沉迷于科学研究之中。因而，当法国国王弗朗西斯一世向他提供王宫内一安静职位（他在那里实际上可随意行事）时，他欣然接受，这正是他所希望的体面地结束自己的一生的方式。

年轻而雄心勃勃的弗朗西斯信守诺言，他认为得到一位像列奥纳多那样的艺术家是一生最大的成就。他下令把昂布罗斯附近整个克鲁斯堡都置于这位大师的支配之下，并由国库中划出足够的资金作为这位受人尊敬的客人的收入。

列奥纳多从容地告别故国意大利，带着其工匠、陶工、铁匠随从和秘书、艺匠、仆从一起移入新居。现在，他终于可以（他这样希望）有暇把他在四十年前收集、用只有他本人才能理解的密码记录下来的成箱成捆的笔记和科学观察结果付诸实施了。但为时已晚，他的身体迅速失去了活力。经常

达·芬奇的经
典传世之作——《蒙
娜丽莎的微笑》。

为人提到的"左撇子"使我们怀疑他或者轻度中风，或者染上了作家痛性痉
挛，这种奇怪的神经痛常发生在乐师、电报员、作家身上，而当它袭击腿部
时，就结束了许多舞蹈者的舞蹈生涯。即便今天仍无治愈这种疾病的妙方，
人们唯一可做的是学会用依然正常的那只手写作、绘画或演奏。由后来这一
时期列奥纳多的绘画看，他显然不得不这样做，他不得不成为一位左撇子艺
术家。

　　1519年春天，在受雇于法国国王两年半之后，列奥纳多感到自己在世上
所余时日不多了。他的思想仍像以往一样活跃。在上一年春天，他已安排好
与王位继承洗礼命名仪式相关的各种活动。秋天，他负责庆祝一位波旁亲王
与一位美第奇公主结婚的款待活动。除这些活动外，他着手实施开凿连接卢
瓦尔河和塞昂河运河的繁复的计划。他的学生们鼎力协助，以让他能从各种

不必要的细节中脱身，全身心地投入主要问题之中。但当一个人度过十来个普通人的生活之后，其发动机必定迟早会显露出老化的迹象，无论采取何种措施都不可能恢复昔日的效能。

1519年复活节前夕，列奥纳多定下最后遗嘱，显露出在他身上独特的乃至成为谚语的慈善心灵。他完全预感到自己来日不多，但毫无畏惧；1519年5月一个美丽的夜晚，他平静地进入梦乡，从此再也没有醒来。

就像好好度过一个白天能欣然入睡，那么好好度过一生能够欣然长眠。

05 大胆地求知——蒙田
勇敢地创作——拉伯雷

至于拉伯雷的生平，真正没有太多可讲。他出生在哥伦布发现美洲前两年，他迎着契农——法国图赖讷省的一个小城——的曙光降临人世。他的父亲要么是一位药剂师（很可能），要么是一位酒店老板（不太可能）。在他很小的时候，他被说服进了一所圣方济各修道院，但他很快就开始怀疑那儿的异教学说，主要是由于他更喜欢学习法律而不是宗教。结果他并没有真正犯罪，不过无论如何他觉得最好还是告别他的圣方济各会友而加入本笃会。与圣方济各会相反的是，本笃会以学习知识为主，而前者主要进行布道并且对这个世界的智慧表示怀疑。

在经过5年的修道院生活后，拉伯雷开始感到他选择这一职业完全是一个错误，他永远也不会成为一名好修士。于是他试着做一名合格的世俗牧师，可是更加不成功。由于不得不维持生计，他又开始琢磨着做一名医生。于是进入蒙彼利埃大学求学，结果他最终找到了真正属于他的职业。在不到一年的时间里他便被允许做关于伽伦和希波克拉底的报告，那两位医学圣人的著作（分别完成于1300年和1900年前）是当代的医生们用来做出诊断和临床应用的绝对权威。

在意大利的某些地方几名有勇气的外科医生得出了这样大胆的结论，即医生要了解病人的一切就应当亲自观察和研究病

泰勒默寺
院——拉伯雷
生命中的梦想。
▶

人。可是由于教堂仍然固执地反对解剖人类的尸体，解剖学仍然处于婴幼儿时期。当一名医生走到病人的床前时，他从厚厚的伽伦或希波克拉底著作中寻找对应的症状，然后按照那些古代名士有些过时的处方给病人开药。从病人角度来讲——他往往会死去——这种治疗体系很不令人满意，但是这可以使医生避免在绞刑柱上被烧死，所以医生们自然愿意对最糟糕的状况置之不理。

1532年，拉伯雷离开了蒙彼利埃，掌握了当时那种没完没了地应用药片和催泻剂的时代可能学到的医学知识。之后他在里昂定居下来，他在该市医院里被任命为实习医师，并被允许进行在当时被看作具有革命性的大胆尝试，他获得允许以人体作示范进行解剖学讲座。

拉伯雷从在里昂做实习医师时起开始从事我们今天所谓的写作，正是从这些最初的尝试中诞生了高康大、庞大固埃和他们善良快活的同伴组成的巨人世界。他只在业余才从事写作——至少他这么说——可是很快得知他的文学野心的城市长者们有理由对此持怀疑态度，他们感到一点儿也不高兴。他们认为让他们感到自豪的医院理应是医治患者之地，他们不能允许他在沉思遐想中在乡村中到处闲逛。这可是一件严肃的事，因为这位著名的拉伯雷医生一反常规，养成了不辞而别的习惯。每当他厌倦了他的工作，他就会一次离开两至三周的时间，而当他再出现时，往往是刚刚完成了另外几章内容，现在又准备好再经受一点医院的苦役了。

按常规来讲16世纪的医生并不富有，起初长官大人们常常感到狐疑：他们的医生在那些自许的假期中去哪儿了呢？作为一名年轻人，他已赢得了当时颇有权势的家庭——迪贝莱家的好感。当迪贝莱家的一子当上了红衣主教时，拉伯雷还陪他去过几次罗马。这种受到高层人士恩宠的象征使他在里昂的长官们中间享有着良好的社会地位。因此他们没像对待其他普通医生那样对他施以罚款或草率地解雇他；相反，他们仅仅委任了一名替补医生，在他们正规的内科住院医师旷工时由这位替补医生代他出诊。从他们的实

拉伯雷

习医生的角度来讲，这几乎是最理想的安排，无疑这也让病人得到了最大的益处。

随着时间的推移，拉伯雷的手稿已堆积了庞大的一堆，它开始引起了宫廷和巴黎大学神学院的注意。巴黎大学神学院（一直忠实于自己作为反动思想冰库的名声）公开谴责他的书，并命令公众刽子手焚毁那些书，由此显示它对这一奇怪的医学教士的兴趣。这是向王宫发出的一个信号。当时以和蔼可亲、颇有成就的弗朗西斯一世为首的宫廷人士为表现他们对这位医生作品的欣赏而公开阅读它们，大声地发笑，并且向陛下最忠实的巴黎大学的神学家们发出了一种明白无误的暗示：请不要多管闲事，就让国王陛下最喜爱的作家继续按自己喜欢的方式写下去好了。

国王为了进一步表示他的赞同，于1550年为拉伯雷医生取得了双份俸禄，这使得这位知名的作家可以全身心地投入他的文学创作中了，因为现在众所周知：他既不在莫顿也不在圣克里斯托夫·德詹贝供职。他很满足于装好自己的俸禄后快乐地生活，为什么不呢？当时的风俗便是那样，没有人会为那么一点贿赂而生气的。

三年后，尊敬的牧师大人弗朗索瓦·拉伯雷去世了，我的故事也到此为止。就这些，没有别的什么了。他们所成就的事业比他们本人更重要，就拉伯雷而言，他的书就是他的成就，或者更准确地说，书的主人公，那位神秘的巨人高康大，就是他的成就。

那个名字并非是拉伯雷的杜撰。高康大这个名字在拉伯雷出生前就已存在了几百年，一直很受人欢迎。他的生涯从中世纪的保罗·班扬开始，可是他一直没有引起广大公众太大的注意，直到拉伯雷抓住了他，让他在他著名的讽刺作品中扮演了主角。据我所知，高康大尚未被拍进电影，依靠从好莱坞学识渊博的教员那里得到大多数文学和历史信息的年青一代可能对他的历

保罗·班扬 ▶

险故事一无所知，因此，如果我在这里向你们概略介绍一下高康大的一生不
会太不合适。

　　在第一卷中，一对巨人夫妇产下了一个巨大的婴儿。为庆贺他的诞生
举办了一次庞大的宴席，席间消耗掉了巨额食物和饮料。之后主人公开始
上学了，这给了拉伯雷一次阐述他对当代教育方式的看法的机会。这位知名

的医生丝毫不喜欢那些教师们的制度（那些人至今仍然控制着所有的教育机构），正如我50年前在家乡受教育时的那种感觉一样，他以极端的蔑视对此进行揭示。他首先描述了那种制度是什么样子，然后发问：在可以将孩子们放到对他们自身会更有利的文艺百花园中的时候（人文主义者已又一次使得这些文艺百花园向广大公众开放，而年青一代却仍然由于各种神学院的禁令而被拒之门外），为什么非要迫使他们在乏味的知识化石林中度过漫长的岁月呢？在对教育领域进行关注之后，这位好医生又研究了世界各地都在从事的战争的毫无意义，他借助托钵修会修士约翰之口叙述了高康大的父亲和他的邻居皮克罗科尔国王之间的冲突，他们相互讨伐，丧失了几十万人的性命，可是结果却是一切依然如故。

这次冲突以几乎什么问题都未解决的和平方式告终。高康大决定寻求一种将把他引入社会服务领域的迂回路线。很遗憾地说，他所选择的用来改善其同胞并使他们意识到相互责任的方法并不适合我们今天的模式。当然，建造一处宗教隐退地的想法并没有多大的新意。修道院已经存在了1200多年了，但是以高康大为创始人的泰勒默大寺院确实是一所独特的机构。因为在其他类似的机构中，你将在忏悔中度过一生，承担一些完全不合意的任务，而泰勒默寺院的规矩则坚持让你喜欢怎么干就怎么干。

在进行那种安排时，拉伯雷表现出了对人类真正品性缺乏理解的可悲的一面。我无论如何也想象不出有什么比终日不得不做我不想做的事更为可怕的事了，但我想我理解那位好医生的大脑中真正的想法。拉伯雷生活在一个性情压抑的时代。作为一名医生，他意识到太多的道德束缚会给普通的正常人带来什么。因此他那坚持"想干什么就干什么"的教堂，实际上向16世纪那些终日生活在重负之下而急需几个月解脱一下的人们提供了一种有益于他们身心的疗养院。我们现代的精神病医生可以对此做一番研究。建于许多偏僻地区心脏地带的泰勒默寺院，可以将几十万可怜的妇女从她们无法避免的命运中挽救出来，因此它成了纳税人心中的天赐之物，他们非自愿地向国家提供贡献的四分之一落到了那些掌管疯人院的专家的口袋中。

有关高康大的编年记事还有很多，但作这些摘要就可以了。它们可以向你们说明拉伯雷逃遁至幻想世界与但丁先生的逃避行为是完全不同的两码事。但丁也构造了一个虚幻的世界，目的是向我们展示他对那个世界中人物的思考。但丁所要达到的目标很简单，每一个人都可以理解。他想了结与那些曾阻挠他实现政治抱负的人的个人恩怨。可是直到今天，在历经四百多年的仔细研究之后，拉伯雷医生的朋友们仍然无法确定当他送他的主人公踏

拉伯雷书中的人物——高康大

上那奇怪的旅程并创造出了一个庞大固埃的世界时，他究竟是想证明什么呢——证明什么？

这正是我们一直想知道的，可却一直没能找到十分肯定的答案，以将我们的好医生划归某一单独的程式。

韦伯斯特对庞大固埃主义的解释是："庞大固埃理论或行为，具有讽刺性或其他严肃目的插科打诨或粗野幽默。"我们总是小心翼翼地在陌生人面前回避这种粗野，因为他们会不理解而且会很尴尬。但当我们与来自泽兰、荷兰或佛兰德省淳朴的人们单独在一起时，我们不仅可以非常非常拉伯雷式（是盎格鲁—萨克逊意义上的），而且我们会发现自己在令四百年前的人们感到愉快的那些谑语、怪话、笑话、滑稽、怪癖、怪举、妙语组成的奇怪氛围中感到彻底的放松。对他们来讲，那种受到大肆谴责的拉伯雷式粗野一点儿也不过时，它充分发展了那种完全自然的文学功效。拉伯雷正是希望能以这种方式来让人们对他所要讲述的事情发生兴趣的。

事实上，从国王开始，那个年代的几乎每一位法国人都可以从他那本《宏伟而弥足珍贵的大事年表》中获得真正的乐趣。这本身就证明了作者选择这种特别的表现方式是正确的。现在最后说一句，在我们这个人人都清醒地意识到自己对同胞负有的社会义务的时代这几乎是不可避免的。拉伯雷是否在书中暗含着某种我们今天所谓的"寓意"呢？我对此表示怀疑。我没有发现有什么可以证明他曾把自己看成一名改革家的。我可以肯定他一定会讨厌别人把他列为当代激进分子之列的，但尽管他装作他写作只为自我娱乐，他一定知道他的书比表面上看来含义要深得多。

拉伯雷是个聪明人，并且很显然也是一个热心人。他生活在一个迷信而无知的世界中，在那里，人们不断地犯下最不可饶恕的残酷罪行，而却没有任何明显的理由。无疑，在前一个世纪，在上层阶级——那些花得起为发展优雅的生活方式而必需的那份悠闲的人们当中发生了一次启蒙运动。可是生活在底层的大众却一如既往地野蛮凶残、无可救药，他们依然如同他们豢养的牲畜一样过着肮脏邋遢的生活。他们从来就没能得到足够的食物，也不能相互犯下无法无天的可恶罪行，因为他们担心会因此而入地狱，而地狱在当时是教堂用以设法保持它在某些相当初级却非常必要的礼仪准则范围里的支配地位——至少部分时间里是这样——的手段。

拉伯雷想以一种大家都会理解他的方式来描述世界，于是他选择了这种创造一个荒诞的巨人世界的方式。伊拉斯谟（拉伯雷尊称他为师长）作为另一种人，在他的《愚人颂》中创造出了一些跳着欢快的捷格舞的小木偶。而托马斯·莫尔为了向同胞展示他对当前社会状况的看法，创作出了《乌托邦》，他在其中描述了他梦想中的属于所有善良的人们的最理想的

小人国来的
小人和巨人正在
追逐着高康大。

极乐之年。塞万提斯则创造出了一个鲜活荒谬的爵士形象，他让他试图说服他的西班牙同胞都来自我鉴定一番并修正错误，从而不再让其余的世人抓住笑柄。我已经提到了斯威夫特教长和他的"小人""巨人"们，他通过他们来让自满的乔治王朝人意识到他们的缺点和短处。又过一百年后，塞缪尔·勃特勒从他在新西兰牧羊的灾难性探险中返回了家园，并带回了关于《埃瑞洪》——"不存在的国家"的消息，在那块土地上人们将一切治理得井井有条，以至于它可以为其他一切国家提供榜样，成为"无所不在之国"。

拉伯雷作为一名16世纪上半叶的法国人，很自然地会利用那种他知道最适合他的读者的文学形式。毫无疑问，由于一直坚持到底，他最终成功地使自己成为他那个时代最出色的社会代表。他装作过分地渴望生命，因为他从内心深处讨厌那个从每一个角落向他微笑的死亡形象。他扮演小丑，因为那样他可以藏起那真正存在于他敏感本性深处的无望的悲哀感。他扮演傻子，因为他知道那是唯一可以让他的邻居至少部分地接受他的智慧的方式。总而言之，为了达到他的最终目的，拉伯雷情愿让自己受到粗俗方面的谴责，而以此掩盖他对同胞深深的、永远的爱。

无论我走到哪里，米歇尔·德·蒙田的《随笔集》总是陪伴在我身边，并不是因为我要像我们的祖先拜读《圣经·旧约》那样早晚必须阅读它。我不必面对16世纪的荷兰船长遇到的困难——他打算去征服一个比他的祖国大五十倍的热带王国，而却只能依靠几十万名曾经是罪犯的士兵凭借火绳枪和刀剑来抗击土著人以保证他的安全。我的苦难与此不同，也不那样无时无刻地影响我。但是，当整个世界似乎都出了故障时（如今这种情况发生得越来越频繁），将老蒙田放在床边、在遁入梦境之前与他进行半个小时的交流，这样还是让人颇感安慰的。

我的一生非常幸运，因为我遇到了几位性情平和、令人愉快的朋友，他们可以让你彻底摆脱自我，让你忘掉当天所有的苦恼，可是能够发挥这种作用的书简直凤毛麟角。昨晚我试着把这样的书名都列出来，结果我只想出了六七个可以配得上那一殊荣的名字。可是想想，自从老约翰·古斯弗莱士即人们通称的谷登堡在贫穷中默默无闻地死去，已经出版过的书已有千百万了！

蒙田

现在蒙田是唯一从不让我失望的人，因此我尊敬他、崇拜他。我不得不承认，有时我会漏过他的几句经典引文，因为我的拉丁语和希腊语学得非常糟糕，即使在苦读了七年的荷马和维吉尔作品后它们对我来说仍然像画谜一样难解，而我只有碰运气的份儿，缺乏真正的理解。

蒙田似乎从吮吸母亲的乳汁时起便一道吸收了那两部经典之作的营养。他引用荷马和奥维德就像我引用歌德或冯德尔一样信手拈来。从法语跳到罗马人或雅典人的语言，然后再回到母语法语，这对他来讲根本不算什么。而对我来讲，他非常巧妙地引用的那些普鲁塔克和西塞罗佳句，意味着要在大脑中努力搜索一番那些已忘却过半的词语和已完全忘记的语法规则。因此，我通常尽可能快地略过这位法国人放任自己的嗜好的那些书页。可是这常常会构成快速阅读者的陷阱（正如每一位诚实的书评作者会承认的那样），内容的大部分留在那里，就像一条庞大的山地溪流穿过一片充满无穷魅力的美丽土地向大海奔流而去。就让我在这条大河的岸边待上半个小时，我及整个世界便会一切安然无恙。因此，我在此时此地向米歇尔·德·蒙田的记忆力表示无比的敬意，并且心怀感激地称自己为他最卑微的学生。

我的好老师出生于1533年2月。因此上他是那些冬天出生的、在世界历史上扮演过重要角色的婴儿中的另一个，因为这些生于冬天的婴儿的母亲怀胎于春天——自造物之初便成为各种哺乳动物（包括人类）自然交配的季节。

蒙田姓艾科姆，可是自从该家族在法国南部获得了离波尔多城不远的蒙田城堡后他们便放弃了那个姓氏。米歇尔的父亲，皮埃尔·艾科姆·德·蒙田曾从业于贸易，他的祖父也是。那些不喜欢米歇尔的人（他如今显得太聪明了，不会没有一些特定的敌人的）常常暗示说他家之所以改换姓名，是因为他们想使大众忘记这个如今十分显赫的家庭那十分荣耀的早期阶段。这一指责有点道理。一个长相不错的家族想返回恺撒时代和重佩盾形纹章的愿望是很正常的，与那些随便挥霍钱财的富人选择愚蠢方式相比，这也是一种相当无害的嗜好。但是既然蒙田，甚至在他的书中，没有显示出任何的智力方面和政治方面的势利，那么我们可以把这种流言今天，他们也许会从另一个略有不同的角度来攻击他。他们会在对他的母亲的祖先进行一番探究之后互相会意地望望，然后说："明白了吧？我们正是这样对你们说的！"因为她的母亲是地地道道的犹太血统，那么这自然可以说明她的儿子为什么那么聪明、为什么比百分之百纯法国血统的普通人更加世界主义。

这听起来似乎很熟悉，不是吗？这的确听起来让人痛心地熟悉。我们能做些什么呢？恐怕能做的不多，直到我们改变整个教育体制，直到我们能够根治我们的下一代的那种认定存在着个上帝选定的民族的信仰顽症，当然那种信仰一如超种族说一样荒唐。

是的，蒙田的母亲无疑是犹太人，她属于那个多个世纪以来一直在西班牙历史上扮演着重要角色的强大的洛佩斯家族。在狂热宗教徒费迪南和伊莎贝拉统治时期，洛佩斯家族被迫接受了洗礼。溅在他们前额的几滴圣水可能在信仰方面对他们产生了奇迹般的作用，可是它们无法熄灭一直在这个不同寻常的家庭中熊熊燃烧的天才火焰。如果一定要把蒙田看成是混种联姻的典型产物，那么我只能遗憾地说我的父母和我所有的祖先都只有一半的荷兰血统。

蒙田的父亲似乎也是一位具有非凡才能的人，他是那种脾气古怪的人，是他的智慧和常识才使他没发展成一个怪人，他的教育理论十分新颖独特。米歇尔成为他的继承人以后——因为他的两个哥哥都相继夭折了——他的父亲决心给予他唯一幸存的儿子一次成才的机会。由于他认为与大地直接接触对每一个孩子的身体健康至关重要，所以老蒙田把襁褓中的米歇尔送给了一位附近村庄的农民妇女抚养，并且坚持要求把他的孩子同那些他未来侍从的孩子们绝对平等地对待。在经历了简朴生活的磨练之后，小米歇尔被带回了父亲的城堡。可是在这里，侍候他的仆人们只讲拉丁语（鬼知道蒙田爸爸是从哪儿找到他们的），而每天早晨他都被美妙的音乐声唤醒。

蒙田走过我们古老的教堂。

这些都大大促进了这个孩子智力的发展，在他仅仅6岁的年纪时，米歇尔就可以去公共学校读书了，在欧洲这种学校总是指私立的——目的是与教会学校区别开。13岁时米歇尔从私立学校进入了大学课堂。他在大学学习法律，21岁时他已是一名波尔多市府成员了。

只有具有独立收入和相当程度政治关系的年轻绅士才有可能如此事业有成。同样，这些幸运的条件也使米歇尔得以常常光顾巴黎的王宫。这也说明了他为什么会到王家军队中服役。否则的话，有关我们客人前30年的生活就没什么可谈的了。

蒙田是个很有教养的年轻人（在当时的法国这种人很多）。他出席各种社交集会（像千万其他礼貌的法国年轻人当时所做的那样），但当他吃过了所有该吃的晚宴（尽管还比较有节制）、喝光了所有该喝的酒（也比较节制），并且还做了当时其他礼貌的法国年轻人从未想过要做的事后，他不仅承认现在的生活方式对他已极大地失去了吸引力，那只是一种无益的能量浪费，而且他还宣称他打算在一生的剩余时光中从事某项有用的事业，从而使自己不仅仅满足于政治闲职和对自己地产的管理。

蒙田派给自己的有用任务就是要写一本书，一本描述人类有史以来，一个第一次以"绝对的诚实"讲述自我和自我对发生在他身上的一切事的反应的人的书。再让我重复一下——"绝对的诚实"。

蒙田于1577年开始创作他的《随笔集》，他一直到死（1592年）都在为这一著作而忙碌着。他仍然偶尔进行一点旅行，大多数时候都是为了他的健康或为了某一官方使命。他在生命的最后15年中的大部分时间里都快乐而满足地栖居于他那著名的砖塔里，每当他不得不离开他的一方净土时，他都会竖起指头算计着还差几天他就又可以回到那个他可以成其为他自己的地方了，那个他可以将全部时间投入描写真实的米歇尔·德·蒙田而不是他留给朋友和邻居印象中的那个蒙田的地方。

其他许多人曾试图步他的后尘，可是没有一个人像这位法国鲜鱼商的儿子、一个受了洗礼的西班牙犹太人那样获得过如此辉煌的成功。

蒙田在他的前半生与一个人保持着伟大的友谊，他挚爱的这位伙伴的名字是埃蒂安纳·德拉波第。很可能是德拉波第的死深深地触动了他，使他下决心从一切世俗事务中退出来的。

这一推测（虽然我没有十分确凿的证据）可以从以下这一事实得到证明：即在开始撰写他的自传以前（因为那些随笔除了被称作一个特别诚实者的自传外还能被叫作什么

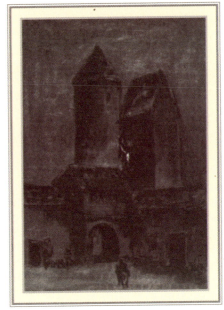

蒙田的象牙塔

呢？），蒙田花了相当长的时间编辑整理他亡友的遗作，他的亡友在意外而不合时宜地故去之前已获得了作为一名诗人的荣誉。

在这次真挚的友爱结束以后，蒙田拿出一张白纸写下了他那著名的第一句话："亲爱的读者，这是一本以不折不扣的诚实态度写下的书。"我想可以公平地说当他完成作品的最末一章时，他已经非常忠实地履行了该诺言，他的随笔确实是一个人内心感情的最诚实的昭示。并且纯粹地出于幸运，蒙田本人碰巧可以贡献出这样一本书要获得成功所必需的众多营养成分中最重要的部分。他不仅仅有个性，而且他本人还是一名知名人士。毫无疑问，这两点特征的幸运组合赋予了他的作品一种新鲜感，正是这种新鲜感，才使他的书得以在过去四百年中一直畅销不变。

据说我的朋友斯蒂芬·邦斯尔，尽管他比其他任何人旅行得都多，他的足迹所到之地的数字大量超乎寻常，尽管如此，在他每次踏上新的旅程时——即使仅仅从华盛顿到乔治敦——他都会觉得这将是一次完全崭新、非常愉快的探险经历。蒙田很赞同邦斯尔对待生活的乐观态度。他每天早晨起床后先去做大弥撒（他非常忠实地履行着自己的宗教职责），然后吃早点，之后从他那高高的城堡窗户向外望一会儿。在过了那么多年以后，他应当对窗外的景致早已谙熟于心了，可是每一次他都好像以前见过一样感到兴奋异常。因此他每次摄入眼底的事物便成为他冥思中短文的主题。

这种常存于他心中的新奇感，无疑说明了他各章的题目为什么会那样富有愉快而奇妙的变化。"论悲哀"是一篇有关"哲学可以让人学会如何快乐地死去"主题的论文名字。在考虑了当一名书呆子的不幸结局之后，他探讨了读许多好书的渴望心理。食人者能够吸引他的注意力，男人女人的服装也同样吸引他。在解释了关于"睡眠的艺术"和"辞藻的自负"两章内容后，他会突然问自己怎么可能"同时对着同样的事物又哭又笑"。

喝醉酒受到了辛辣的批评，而禁酒也同样被大加批判。友谊和忠诚像在宫廷上举行仪式一样小心翼翼地被加以研究，以及这样一种事实：在某人可能是美味鱼子酱的东西，在另一个人看来可能只不过是一盘过咸的鱼子罢了。

这种随意的写作方式很自然地将蒙田的读者分成了两大敌对阵营。那些认为我们应当随意地享受生活的人，那些认为旅行意味着要探寻每一条可能的弯路而不是在最短的时间里径直到达目的地的人，——这样的人会喜欢蒙田的，他们会发现蒙田是他们最佳的旅行伙伴。而一些想马上将事情办完以节省时间（我可以问一下究竟为什么吗？）的少男少女们会称他为无可救药的个人主义者，会拒绝与他发生任何联系。

他们对自己的感觉直言不讳。"我们要等到'雷蒙德·德·萨布得的自由'（这不是蒙田试图解释自己生活哲学的那章吗）缩略成三页时，"他们会这样对你说，"才会从我们的某本文摘杂志上（假设我们没有更好的途径）读一读它，可是在进行这项工作以前，那位老法国人的作品对我们来说简直太啰唆了，他的话太多，他是那种可以为一杯酒而浪费整个下午的让人讨厌的法国人，他们会讨论某位在蒙特帕娜斯的小阁楼中饿死的长头发诗人的最新作品中的某一行诗的含义而白白浪费一个下午。"

文学在某些方面很像宗教，你或者喜欢某种观点是无条件地接受它，或者你不喜欢该观点因而也没必要谈起它，蒙田派人行会依旧热爱他们的老师，而反蒙田派人士会依然讨厌他。当两派人士相遇时，如果还聪明的话，他们可以谈谈鸡蛋的价格，或者第二年逃税者的机会，或者其他无关紧要的话题。但他们会把《随笔集》和它的作者放在一边的。

如我刚才所说，从外表上看，蒙田恪守了他那时代的人所认同的行为规范。但无论如何也算不得一位革命者，他认为没有理由进行正面的攻击。如果大多数人认为应该尊重国王、遵守教堂清规，那么他完全乐意接受他们的意见，他也不想使人们注意自己，在其他人都在教堂时自己去打猎，或者当街上的群众为某位皇家成员的来访而欢呼时自己大声宣扬叛乱。

但是，这些并不妨碍他在诸如宗教、政府事务、构成幸福家庭生活的基础这类问题上有着自己明确的观点。人们甚至可能会怀疑他在心底里究竟是不是教堂的好儿子，或者说他是不是他所认识的这个世界——包括皇室——

的真正崇拜者，因为真正的信徒总是不加争辩地相信和接受，而蒙田却在他所写的一切作品中不停地问自己这样一个非常重要的问题："我究竟真正懂得什么呢？"

笛卡儿也许会建议蒙田只相信自己亲眼所见的东西，可是当时笛卡儿尚未出现，蒙田则完全缺乏"科学的态度"——如我们现代人所理解的那样。但这并不妨碍他成为世界最伟大的人类灵魂反应分析专家，因为他可以在他那单独的实验室里，以维萨里似的完全超然态度，仔细地分析研究他自己以及他邻居们的冲动，只要他的解剖刀从未能像维萨里那样深入。

可是尽管那位著名的佛兰德解剖学家得出许多明确的结论，蒙田却在将

笛卡儿

要触及他自己所提问题的最终答案时停滞不前了。他那种从"我真正懂得什么"的怀疑角度看待世界的天生的、无法治愈的习惯阻碍了他在任何问题上采取明确的态度，阻碍了他将世间万物明确划分为黑白两极。他更喜欢中间色，由此证明他从本质上是苏格拉底至威廉·詹姆斯时代所有好哲学家的一脉相承的兄弟。在他们生涯的某一点上，他们也肯定逐渐意识到了永久的怀疑定会成为灵魂自由的代价；真理一旦被接受且上升到教条的高度就会被用来摧毁它以前的朋友，从而使它自己成为一个暴君，比它刚刚帮助摧毁的暴君更为残酷无情。

这些预言家所讲的怀疑有其神圣的一面。它不是指问那种无益而表面化的问题。就像那些过于聪明的孩子提出的让他们的主日学校老师为难的问题："请问，琼斯小姐，上帝是什么？"而它是一种很谦恭的怀疑，在它所怀疑的对象面前充满了敬畏。但它确是一种怀疑，是一种观点的摇摆，一种在没能完全有把握地掌握了最终证据之前害怕得出明确结论的恐惧——担心在远方山外某处，爱嫉妒的上帝仍然藏匿了一些终极真理的碎片，打算将它们完全保留给自己，因为凡夫俗子们不配拥有它们。

正如我们今天所理解的那样，怀疑主义是一种宣称除科学外没有其他绝对的知识，声称任何事实或真理都不可能只建立在哲学基础上的哲学。因此它宣扬中止审判的福音。对此我知之不多（我是一名艺术家而非历史学家或哲学家），但在我看来，似乎那些曾在历史上扮演过某种角色的怀疑主义者是一群很不错的人，从总的方面来讲，他们以努力使我们的世界变得更文明一些时比其他任何灵魂领袖们都发挥了更大的作用。从毕达哥拉斯到康德时代，他们一直以他们的中庸和容忍、以愿意听取争议双方的意见而不愿对与他们意见相左的人得出严厉的判断而受人瞩目。

而在这一点上米歇尔·德·蒙田与其他人相比有过之而无不及。他按生活本来的样子接受它，他声称在他看来既不存在彻头彻尾的善，也不存在彻头彻尾的恶，因为一切都依人们看待日常生活中问题的方式而定。拿伏尔泰来讲，由于后来开始相信理智会最终为我们的大多数困难提供一个解决的方案，从而修正了他最初的怀疑主义。因此，随着年龄的增长，蒙田越来越变成了禁欲主义者，他尽力超越于痛苦和欢乐之上，可却一直未获得太大的成功。作为法国肥沃土壤的产物，他的各种反应极为健康，因而他无法像罗马皇帝马可·奥勒利乌斯或奴隶出身的爱比克泰德在1400年前试图做到的那样，完全与普通的人经历和感情绝缘。

蒙田有时对爱比克泰德的思想非常感兴趣，后者教导说快乐是这个世界的唯一的好东西，因此也是我们一切努力的终极目标所在。可是蒙田的性格中已存在着一种强大的忧郁症结（他自己称之为"牢骚"而非"抱怨"），他无法从一种极力强调"幸福"为人类努力的最终目标的哲学中获得满足。

但是，我现在做一件也许从来就不该做的事。可以对普通的作曲家或哲学家给出一个概论，可是却无法对贝多芬或蒙田进行这种尝试，因为他们太复杂、太多面化而无法将他们总结成简单的几行内容。可是不管怎样，我应该在蒙田身上来做一番尝试。

大体上说，我承认蒙田是我们所遇到的过去时代的人物中最和谐的一位。由于这种和谐，他可以为我这样缺乏精神平衡、要么立于高山之巅要么跌入地下深窖的人带来极大的益处。

这种品格（协调所有关键器官的能力）将永远使蒙田远离我们心中喜爱的英雄形象。他的鉴别天才，他对搭配良好的中间色的喜爱——这些将把他与那些坚持非白即黑极端观点的大多数同胞永远分开。可是在我们当前的体制下这是不可避免的。

进步一直是少数而非多数人的事情。那些领袖人物意识到了这一点，也接受了他们的命运。他们知道他们注定要在极端孤独中度过生命中的大部分时光，可是如果他们想成就他们已经开始的事业，这种孤独便是不可避免的了。哀叹命运是没有用的。他们的回报来自于这样一种认识，即他们是在为人类共同的利益而不是在为自己而奋斗。

1565年，蒙田与一位波尔多政府同事的女儿——弗朗索瓦·德拉莎塞恩结了婚。这显然是一种事先安排好的法式联姻，这种婚姻方式（虽然我们这些北美人极不赞成）却似乎比我们的幻觉式的短暂罗曼蒂克更能为持久婚姻提供坚实的基础。他的妻子为他生了一个女儿，她安全地度过了危险的被探期，她的父亲以16世纪下半叶最好的教学方法来教育她。

这位母亲和女儿是唯一两位在他生命中扮演过角色的女人，只有另外一名女性除外，对她我一会儿再谈。

蒙田在皇宫一直极受尊重，他以前的加斯科涅邻居、纳瓦拉的亨利总是试图说服他返回巴黎。米歇尔不止一次地拒绝国王陛下的盛情邀请，就像斯宾诺沙无数次拒绝另一位权势更大的君王法国路易十四一样。两个人对自己获得的荣耀都深怀感激之情，可他们认为这个世界上最重要的东西是他们的个人自由。因此，他们不会允许自己被束缚在一个他们将不得不为自己的日常生计而对别人感恩戴德的位置上。

明智的亨利不会因为子民的拒绝而生气，而从蒙田方面来讲他通过间或访问一下巴黎来表示他的忠心，然后他向他的统治者表示敬意，可是当他能够以此消融冒犯后，他便会立即返回他的象牙塔。

正是在这种对巴黎进行的间或拜访中蒙田结识了16、17世纪最著名的女才子之一——玛丽·德贾斯德吉尔内。蒙田似乎对这位博学多才的女子印象

巴黎

非常深刻，由于他的年龄足以做她的父亲，他便把她收养做义女。在他一生中的剩余日子里蒙田一直与她保持着通信。蒙田去世后不久，这位女士在母亲的陪伴下不辞辛劳地赶到波尔多，向蒙田夫人表示对她那将让人永远怀念的丈夫的去世的深切哀悼。

　　这位名人的遗孀不仅盛情地接待了这位德贾斯德古尔内小姐，而且还送给了她一些她丈夫的注释作品，既有手稿也有打印好的。然后这位忠实的义女（她在怀念她的义父这方面作出了无与伦比的贡献）开始着手于奉献给世人一个完善的《随笔集》的工作，她对其中的引语进行了精确的翻译，使得这本名著准备好面向大众了。

就像我刚才所指出的，蒙田永远不会受到普通读者的欢迎。他发明的随笔形式是所有真正鉴赏家的文学宠物，可是当向一位出版商提起"随笔"一词时，他会马上脸色变得苍白，从兜里掏出手表后声称他只有五分钟的时间去赶火车了，然后你便再也见不到他了，除非有人通知他说你已经离开了那座城市返回了康涅狄格。不要责怪这位可怜的家伙。随笔对所有与之相关的人来讲仅仅意味着苦役和麻烦。既然还有那么多读者乐于购买、书商们大肆宣传的好似唐尼布鲁克集市上的四叶红花草一样稀少的其他文学形式，为什么要故意给自己找赔钱的买卖呢？

06 孤居才女埃米莉·迪更生 天才乐师弗·肖邦

　　关于埃米莉·迪更生，没有多少可谈的，区区十行、十二行就能包容她的外在生活经历。但她在居住在阿默赫斯特故居时的所思所想，却是另一回事，绝非那么容易叙述。不过后一工作必须去做，也有人去做了——虽然勉为其难。

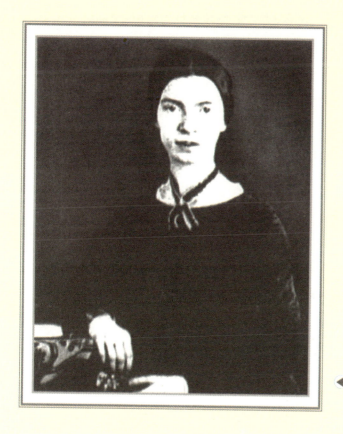

埃米莉·迪更生

埃米莉·迪更生的祖父塞缪尔·福勒·迪更生是1630年移居美洲的清教徒后裔。他笃信上帝，在20年代初迁移到新英格兰这一遥远的地区，通过一所培训年轻人从事"皈化整个人类"的学院使世人信奉公理宗信仰。这是一个相当庞大的修会——"皈化整个人类"，但完全与一个世纪前美国的精神理想相合拍。

经过一段时间，早在世人得到救赎之前，迪更生祖父就有了一个儿子，名叫爱德华。又经过一段时间，这个儿子也成为三个孩子——一个男孩儿、两个女孩儿——的父亲。他们中的一位随其母埃米莉·诺克罗斯取名埃米莉，她就是我们的主人公。

这个女孩儿受到了她那个时代正常的教育。当她长大可以离开家时，她被送到了设在南哈德勒的"女子学院"。该校被认为是19世纪40年代最好的学校之一，但埃米莉对它的感觉只有厌烦。据埃米莉致友人信中的记述，女校监以压制、束缚和约束所有学生所有正常的冲动和愿望为己任。但在埃米莉那里，这位老女士严重受挫。当她试图把自己的意志强加在那位来自阿默斯特的腼腆、貌似天真无邪的学生之上时，她完全未能如愿。埃米莉实际上我行我素，而当玛丽·里翁反对时，她卷起铺盖回到了老家。

这种行为不合那一时期新英格兰年轻女子据认为应当信守的习惯，但埃米莉是个例外。她是父亲的掌上明珠，知道自己能把他支使得团团转。现在他开始陪伴她穿行邻近乡村地区去办各种差事，因为他不仅是位律师，也是其父亲创办的学院的会计。此外，他是一位风趣可爱的人，爱他的同胞，所到之处都受到欢迎。聪慧而——按她存在的唯一一幅画像看——相当有魅力的女儿和高贵的父亲必定构成一种最使人满意的组合。出于这一原因，1853年冬爸爸当选国会议员时，陪伴他去首都的正是埃米莉。

正是在这一场合，灾难降临了，它葬送了埃米莉过正常生活的机会，但对美国文学却具有难以估量的价值。

　　在自华盛顿返回时，迪更生父女在费城歇脚停了几天。埃米莉在那里遇到了一位教士———一位携妻带子的最受人尊重的绅士。她自出世以来一直受到压制、束缚、扼杀的所有那些情感突然爆发出来。这类灾难过去曾发生过，确实，它们据说与人类本身一样古老。一般说来，它们不会造成多大破坏。它们可能造成一次相当痛苦的爆炸，冒出一股烟来，运气不好时偶或会让一双妙目变红，易碎的心儿猝然抽搐起来。但一当电花突然击穿用旧铁盒包装得严严实实、转而深埋于岩石之下的火药，那么每个人最好由火药上走出来，因为没有人能预知会造成什么样的浩劫，多少个乡村会化为废墟。

　　在与她的"命数"（当时人习惯于这样说）相会后回返阿默斯特后，就埃米莉而言，她的生命结束了，24岁时埃米莉退出现世，她发现，在这个世界上，她突然面临一个选择，要么毁掉一位姊妹的幸福机缘，要么放弃自己完美结合的希望。至少这是人们普遍接受的对事件的说法，与小说中描述的身着粗布衣的古怪未婚女子完全相合，"在以便以谢离开农场娶了那位城市妞后"（幸运的以便以谢！）她再也不见其他任何人。

　　我在这方面掌握的材料不比其他人多，当然也不比其他人可靠。但基于埃米莉自己诗歌中的隐秘证语，我得出了有些不同的结论，我曾在奥地利阿尔卑斯山脉一偏远地方发现了一个奇特的宗教机构。当然，我从未进过那里，但从一位访问过那里的妇女处获得了一些了解。她告诉我，这一女修道院的所有居住者在发过誓后都会收到一个小玩偶，一个常见的孩提耶稣玩偶，此后她们可以用从维也纳丝绸店里买来的最精美的服装打扮它，给它洗澡。修女们以此再也不为人见到了。因为她们据说对自己的处境完全满意，没有理由回到院外邪恶的世界上去。但她们的一些玩偶保留在邻城一个小博物馆里，这些东西向公众开放。

　　对埃米莉·迪更生而言，她的诗就是这类孩提耶稣玩偶。她聪慧玲珑，非常了解自己，必然深知自己不适于在她出生的社会上过正常的生活。几代人以来，她班上的姑娘们就被灌输一种她们称为（如果她们敢于谈论的话）"一种纯粹的情感"的东西。她们可能也去寻找"不散热的火焰。"

确实，火焰可以不散发出热来，但只是在它们熄灭后才可能。埃米莉社会先辈的多数女子卑贱地接受了自己的命数，因为其牧师和《圣经》教导她们，她们据此认为应当扮演上帝授以圣职的角色，她们谁会对无所不能的上帝的智慧表示怀疑呢？埃米莉·迪更生与其上帝的关系极为特殊。它们包括她有权去同她想问的任何不论多么令人窘困的问题，如果善良的主未能作合适的、令人满意的答复，她自己就会设法提出一个来。

就其出身和教养而言，埃米莉是纯粹情感联合会的终身成员，她知道自己不能躲过自己的背景。另外，作为一位非常伟大的艺术家，因而坚持完美，她拒绝从事任何她永不可能出人头地的活动。如果事实如此，那么，作为一位被逗得哈哈大笑的人生观众度过一生，透过精心合上的帘子窥视亲属和邻人的古怪姿势，而不是嫁给一位教授、教士并冒再次被不可能成为现实的幻想诱惑的风险，岂不是更明智、更令人高兴吗？

她与费城那位仪表堂堂的牧师的两次致命会面使她极为清楚地看清了这一切。她具有强烈义务感和洞察同胞尤其是自身滑稽可笑之处的本领，使她避免引人注目或做任何使她看上去古怪可笑的事儿。她逐渐在自己房间里消磨越来越多的时间，直至最终她完全遁出人生，再也不在其他任何人面前出现。有时，在夜深人静之

埃米莉孤寂的住宅

时，她会离开闺房，到父亲住宅周围的花园里浇她钟爱的花儿。但自1862年直至1886年5月15日她告别人世，她费尽心血去编造她喜爱的有关身着白衣、静静的小妇人的神话，有时来客会在小妇人由走廊或厨房匆匆到其楼上修女隐身处找到安全场所时看到她的影子，大感惊恐。在楼上，她会陪伴着其心爱的玩偶度过一个快乐的夜晚，在她而言，玩偶包括写在小纸片的小条小条的诗句，它们由五彩缤纷的彩带整整齐齐地串起来，小心地堆放在她那整洁的小书桌抽屉里。

上面对埃米莉·迪更生的描述可能完全错了，但我倾向于认为她以其独特的古怪方式几乎比同时代所有过着正常生活的人都更强烈地规避生活。作为一位不显山不露水的彻底的自我主义者，她坚称她死后其所有的诗歌和信件都要烧掉，并不是出于自卑感。远非如此！她在撰写它们时度过了一段美好的时光，感到没有必要与其他人分享自己的快乐。让其他人去好奇、去作各种猜测吧。这对我们的灵魂不无益处，而埃米莉虽然外表上是一位严苛的新英格兰人，但内心深处仍在很大的程度上是位顽童。她爱开这些小玩笑。

很幸运，她的亲属们虽是些常人，却认识到，如果他们毁掉像其辞世的姐妹和姑妈的诗歌那样完美的艺术之作，他们就是对文学犯下了大罪。这等同于在精神错乱的伦勃朗断气几分钟后溜进他的画室，撤毁他的所有油画和蚀刻画。

迪更生家族把埃米莉的私人信件大都付之一炬，但小心地保存了她那些装订得整整齐齐的诗作，后来把它们印刷出来，使之为一般公众所阅读，或者更准确地说，为那些能够读懂它们的公众所喜爱。

弗雷德里克·肖邦由其父亲尼古拉·肖邦那里得到其法文名字。尼古拉——这位来自南锡城的野心勃勃的年轻人感到自己在故土无法过上合宜的生活，就于1788年东行，在波兰找到了一个车轮制造工的差事。此后不久，塔代乌斯·科希狄什科（他在美国乔治·华盛顿将军手下作战时掌握了军事技能）试图为自己不幸的国民带来自由。尼古拉·肖邦加入了他的行列，与他并肩作战，并作为波兰革命军的一名上尉结束了其军事生涯。

反叛被平息后，可以肯定，很长一段时间里俄国征服者不会再兴修道路了，车轮制造行当因而穷途末路，尼古拉·肖邦上尉不得不另找其他谋生的途径。

对一位有着上流社会风度、谈吐风趣的法国年轻人而言，这证明是件相当容易的事，因而每一个波兰贵族家更都需要一位私人教师，教给他们孩子用相当于当时西方文明世界开门咒的法语进行交谈，因而不久我们就发现尼古拉向斯卡尔贝克伯爵和伯爵夫人的子女教法语，并娶了伯爵夫人的女仆为妻。这位年轻女士胡斯蒂娜·克日扎诺夫斯卡是波兰一破落贵族的女儿，可能正是从她身上，肖邦继承了那一从不放弃为一失败的事业进行勇敢斗争的闯劲、力量和魅力。

在教会年轻的斯卡尔贝克子女们他们所有应知的构成彬彬有礼的华沙社会的外表的东西之后，尼古拉·肖邦迁到了华沙，成为一名法文教授，因而直到1844年去世之日一直能让他的妻子和四个孩子过上略为舒适的生活。

由于他只比其儿子早五年辞世，因而尼古拉也心满志得地知道，他有了一位天才后代。因为肖邦的一生，虽然有许多巨大困难，但总的说来是非常成功的。这可能是出于两个原因。弗雷德里克·肖邦无疑是有史以来世界上最伟大的钢琴作曲家。世界上也有在其各自的领域内同样出类拔萃的其他艺术家、画家、作曲家和建筑师，不过他们死于他们降生在于其中的同样的贫困状态中。他们失败的原因不难猜出。他们不具备肖邦的两个条件，这两个条件使肖邦与其同行们有别。首先，他是正在为建立一个独立国家而奋斗的波兰民族造就的唯一天才；其次，他遇到了成为一个失败的事业活的象征的非同寻常的机会。

其他不像他有这样好运的音乐家有其他奥地利人中的奥地利人，其他意大利人中的意大利人以及普通荷兰人中的荷兰人。他们永不可能成为一个流亡中的民族中所有令人向往的英勇人士的象征。我这样说并不是要这一无人可以匹敌的音乐传奇讲述人的所有作品中减损单一F大调的价值。我和其他任何在绝望之际从聆听弗雷德里克·肖邦的某一梦幻曲中获得安慰的人一样对他感激不尽。但假如没有他们民族事业的失败，假如他们没有机会成为一个得到所有文明人类的同情和羡慕的民族所有希望和抱负的体现，无论弗雷德里克·肖邦还是我们亲爱的朋友伊格纳齐·帕岱莱夫斯基，都不可能获得他们最近达到的如此高的声誉。和平成为他们的骨灰，愿他们不久就能找到一位称职的后继者，激发我们对一个像波兰人这样即使在完全令人绝望气恼时期仍极其值得崇拜的民族的爱。

肖邦肖像画

在此重复肖邦音乐生涯中广为人知的重要事实没有多大意义。你在每一部百科全书中都可找到这些事实，它们非常简单。在他面前弹钢琴的人能读书写字。顺便说一下，那架钢琴被1863年征服波兰起义的哥萨克士兵用作了引火木，因为那是俄国侵略者常用的表示他们关心他们所征服民族的文化成就的方式。6岁时，小弗雷德里克开始作曲。他的父亲不仅认识到儿子超人的才能，而且没有像许多其他做父亲的人在类似的情况下那样行事。他没有把自己的孩子作为音乐奇迹加以利用，没有以打断他的骨头为威胁要他放弃成为一位钢琴大师的念头，勒令他从事一种较现实的职业，诸如簿记员或可望在60岁时获得退休金的政府官员（我在这里不假思索地引用了舒伯特的父亲致其子弗朗茨的一封信）。他平静而卓有成效地鼓励儿子追求自己的理想，并终其一生一直尽其微薄的力量所能帮助他。

确实，这个男孩儿在8岁时首次举办公开音乐会，但这并非出于商业目的，这样安排的目的是让他处在让华沙漂亮的夫人小姐们称美的环境中感到舒适。肖邦终其一生都愿意做那种令人愉快的事。当需要进行严格认真的基础训练（我指的是音乐而不是晒太阳）时，他被送到波兰首都本地最好的教师那里学习，后又被送到维也纳。其中一些音乐教师不像理应的那样优秀，正是由于他们错误的教学方法，肖邦在其整个令人称奇的一生中一直未能克服技术的欠缺，最终痛下决心完全退出音乐会舞台，专心致志地从事音乐创作。

在维也纳求学时，他听到了当时最伟大的一些演奏家的演奏，尤其是洪梅尔和帕格尼尼。与其他所有年轻艺术家一样，他在听完那种演奏后，深信自己也能做得同样好，一度看来也确实如此。他的演奏很吸引观众，尤其是那些女听众。但除了弹奏技巧未能达到李斯特和同时代许多其他伟大的演奏家的水平外，他还缺乏对一位卓绝的乐器演奏名手或歌剧女主角来说必不可少的耐久体力。肖邦就像一位在第七局时显示出体力衰竭迹象的卓越棒球手，而决定胜负的正是第七局。

随后出现一连串灾难，对此他无法控制，但它们对他后来的生活产生了深远影响。1830年时肖邦恰巧在维也纳，当年又一场时运不济的革命在波兰爆发。他与华沙的家人的联系被切断了。他再也没有与他们相见的希望。他决定去英国。由那里去美国开始一种新生活。1831年9月他在斯图加特听到了华沙陷落和开始进行全面屠杀的消息，俄国的旧制度惯于用这种方式"安抚"其新近征服的地区。

肖邦沮丧至极，乘坐慢速公共马车到了巴黎，但在那里他受到了开疆拓土的英雄般的欢迎。仍为1812年拿破仑侵俄失败感到痛苦的法国人憎恶俄国人，另外，巴黎正大踏步地"变得浪漫"，肖邦的音乐完全满足了爱听音乐会的听众的需要，而他的波兰护照打开了首都所有拥有资财的家庭的大门。

在波兰，事态按正常途径发展。俄国人在每个十字路口都支起绞刑架，波兰煽动革命的人四处逃遁，不久巴黎就挤满了波兰难民。他们大都像教堂里的老鼠一样贫穷，居住在贫民窟里。但一些大封建家族预见到了事态的发展，早就小心翼翼地为自己不再生活在祖业上做准备，现在他们把巴黎作为准备进行反击的中心，他们充分认识到了公众宣传的价值，并打算利用一

肖邦从马车里走出来。

115

切机会向世人证明：波兰人作为一个种族比压迫他们的俄国人要文明、有教养得多了。

一夜之间，肖邦成为波兰文明的一号展品。能够如此高贵，如此令人满意地——或极其容易和自然地——与人们期望于他的东西相合的艺术家或作家（而没有这两者你就不能进行成功的反革命事业）少而又少。因为肖邦在那一时刻具有成为大众偶像的所有必要条件。他年轻、相貌不凡，但属于那种娇弱之美，因而人们本能地对这位双肩业已被对不幸的祖国命运的忧患压弯的可怜青年感到难过。当他演奏他自己的一个作品、深深被音乐感动以致不得不请人帮他把作品演奏完——那时波兰的悲剧不再仅仅是人们在报章上读到的东西了，那时它变成了活生生的现实，以致听众感觉自己好像拿起了枪，奔赴那里去保卫其亲爱的波兰朋友。但即使他们不能这样做，欢欣的马祖卡或华尔兹乐曲也打破了凝结在音乐厅上空的阴郁成分，每一位听众在回家时都感到波兰自由事业尚未失败，它绝不会失败，波兰会再次重现其古时的种种荣耀的。

这发生在现代意义上的宣传尽管产生于很久之前，但肖邦及其音乐是有史以来最好的宣传，激发起人们大无畏的爱国主义精神。我祈求上帝让他马上重回人间！

当然，随着年份的流逝，什么事也没有发生，世人开始忘却罗曼诺夫王朝在波兰和他们立足的所有其他地方的兽行，以及奥布斯堡王朝在意大利犯下的兽行，乃至及最近200年来构成欧洲不可分割的一部分、习惯上被称为"外交政策"的所有其他兽行（人们竟如此健忘），波兰也开始令人们厌烦，随后完全从他们的心灵中消失。这对肖邦的艺术事业并没有产生影响，因为他依然是巴黎最受欢迎的钢琴教师，他的作品甫一完成即被出版发行。但他周围的气氛逐渐在发生变化；虽然他无疑仍是当时最杰出的波兰人，但当他——位仅仅是钢琴师的人，企望娶一位男友的妹妹玛丽·沃德津斯基女伯爵时，她尊贵的父亲老沃德津斯基伯爵却横加阻挠，直言认为这种结合是根本不能考虑的。由于这一及其他一些烦心事，肖邦再度考虑1831年他计划采取的移民美国的计划。

他的家人、朋友及巴黎的波兰群体、公众以及他的债权人，他们都恳求他不要采取这种可怕的步骤，认为这无异于社会和音乐自杀。这种恳求当然很让人喜欢，肖邦轻而易举地就接受了劝告，继续留在巴黎。再没有比这更让人遗憾的事了！因为正是在巴黎弗雷德里克·肖邦现在面临一种比落入大西国可怕的后人或东方总督之手还要恶劣得多的命运。

关于杜德旺男爵的夫人阿芒汀·卢丝尔·奥罗尔，人们写过多本著作。

肖邦小夜曲

她在英国一女修道院度过三年后，经历与杜德旺男爵婚姻关系后继续活下去，怀孕生子，不得不为自己和两个安琪儿寻求某些生存手段，尝试去做职业记者和通俗小说家。作为一名欢快的人，在未怎么受到竞争的情况下（那时女子尚没有靠写作维持生活），她有大量闲暇从事她喜爱的情爱活动。有一天她遇到了肖邦，后者拜在了她的石榴裙下。

那时他身体羸弱，得了重病，结核病的最早的迹象刚刚开始显露出来。他挚爱的波兰独立事业失败了。他自己作为演奏家的生涯，他自感也到了终点。他极需要一位母亲，乔治·桑答应充当母亲的角色。

我将对那次令人难以置信的马略卡岛之行略作叙述。阿芒汀·卢丝尔·奥罗尔携带肖邦和她生病的儿子到了马略卡这一地中海岛屿，希望这里温和的气候能治愈二人所患的烦人的肺病。当你仍在比伽拉道谈论它时，马略卡听起来非常罗曼蒂克。但当你在拉帕尔马登陆后，你会发现那是西班牙，是处于最糟糕的状态下的西班牙，你又重新回到了中世纪。马略卡首府没有旅馆，没有公寓。没有适合人吃的食物，尤其是适于那些习惯法国烹饪术的人的食物。无论走到何处，你都受到满是疑心的官员的追逐。当你派人去巴黎取你的钢琴时（因为她亲爱的弗雷德里克必须继续从事他的工作，必须写出更美妙的作品来），海关人员拖延了六个月才允许钢琴进关。马略卡的一个人为什么需要一架钢琴呢？太奇怪了。这带有革命的迹象。当你染上病、咳嗽得要死时，岛上没有一位大夫，官员们却怀疑你染上了某种恶性传染病，勒令你离开城市，躲到乡村中一个离各地都有几英里远，住在一个又老又潮湿的修道院里，结果你又添了支气管炎，差点死在那里。

然而，肖邦必定比外表显得更强壮一些。他不仅未死在马略卡，而且细心照顾他的卢克丽霞，安然回到巴黎，又在世上度过了许多年。

总的说来，肖邦暮年这些岁月不太幸福。巴黎接连不断地发生革命，来自波兰的消息越来越糟。在那些情况下，教钢琴——即使每课20法郎（在那些日子里这是未为人所闻的高价）——也易于变成一件难以忍受的事；此外，在马略卡染上的支气管炎看来难以治愈。肖邦开始大量失血，往往虚弱得难以动弹。但他需要钱，就像迟暮之年的帕岱莱夫斯基那样，他强拖着病体走到琴凳前，以便再挣几个便士来支付其他人的债务和帮助他可怜的祖国，但收入的主要部分继续用来撑持他作为真正的贵族的脸面，从不回绝波

巴黎的革命事业搞得如火如荼。

兰爱国者所提出的任何要求，他本人却饿死也不愿承认他在生命的最后一天里没有任何东西可食。

肖邦死于1849年10月17日，在他的葬礼上，演奏了莫扎特的《安魂曲》，另加肖邦本人的《葬礼进行曲》，出自B降小调奏鸣曲，随后是他的两个序曲，E小调序曲和B小调序曲。他朋友在他1830年永远离开他亲爱的波兰时送给他的一个盛满祖国泥土的银高脚杯随他下葬，一同入土的还有玛丽·沃德津斯卡送给他的凋谢的玫瑰，她仍希望她父亲回心转意，允许他娶她为妻。

现在这出戏中的所有演员都已辞世。压迫者或受压迫者都没有留下什么，迫使肖邦过着流亡生活的罗曼诺夫王朝灭亡了，但他们并没有这种激动人心的葬礼，而波兰土壤比布尔什维克的生石灰更受欢迎。作为一位写过降E大调梦幻曲和A小调马祖卡舞曲的作者为后人铭记，其命运远比作为使用绞刑架和皮鞭的暴君留在人们的记忆中要幸福。我年事渐高，得以目睹兴高采烈的哥萨克按其犯下了罄竹难书的罪行的主子的吩咐行事，得以经受那些对我的波兰朋友仍构成希望的那些令人痛苦的日子。我在此衷心为那些毁掉了波兰美丽大地上一切可爱、有魅力的一切的已故独裁者的灵魂祈祷："愿他们的名字永远受到诅咒！"我也同样祈祷世界各个角落、各个时期他们的继承人，愿上帝显灵，阿门。

07 伟大领袖——本杰明·富兰克林

本杰明·富兰克林生于1706年（当然，在1月）。当他十岁时，他是完全有可能遇到一些经历过克伦威尔时代并见过查理一世如何迈出其著名的窗台而走向绞架的老人们。当他于1790年逝世时，他曾亲自帮助编写过的《独立宣言》也已发表了14个年头了。因此，他是联结欧洲封建王朝垂暮时期与美国民主政治初创时期的承前启后者。

就他生活的时间长短而言，富兰克林与他的许多邻居（也活到七八十岁）没有什么差异，但他对周围所发生的一切事物的认识和他对生活的强烈爱好方面，他是与其他那些人截然不同的。而且，他密切注视着所发生的一切，他那思路敏捷的大脑使他有可能正确地观察那些事件。除此之外，他还有着令人愉快的幽默感和对宇宙的最为亲切和现实的观点。所有这些，使他有可能在公众生活中度过40年而永未对他的同胞失去信心。

倒不是富兰克林有什么特殊理由去热爱他们。有时他的美国同胞们给了他极大的荣誉，尤其在快到他生命垂危的日子里，他常常被崇拜得像个神，而不是作为一个普通的人。但他如此聪慧过人而不会不知道他的最大抱负——把盎格鲁-撒克逊世界联成一个团结合作的政治机构——实际上是失败了而且再也不能重新振作了。他的健全的哲学家的思索习惯不会让他对

富兰克林是联结欧洲封建王朝垂暮时期与美国民主政治初创时期的承前启后者。

明知无法挽救的事徒劳抛洒无谓的泪水。不过，他要是真能达到目的，而且这个世界一般地说也许能避免几十年战争，那他当然会高兴得多。

通常，当我们想起一个伟人时，我们就会看到他的生涯中某一特定时刻。虽然富兰克林曾经做了十几个普通人所做的事，虽然在通常情况下他不会再采取各项进一步的行动，只等待死亡。可是代之以去过平静的、受人尊敬的安定生活，他却重新起步去冒更多的风险，并使每个见到他的人都为他身体上和精神上的活力而留下深刻的印象，以至于许多人甚至怀疑他是否从他在宾夕法尼亚州穷乡僻壤的印第安人朋友那儿学到了什么长生不老的秘诀。

当他父亲第一次渡过大洋以来，轮船状况有了很大的改进，但在18世纪的最后25年内，远洋航行仍然不是一件舒适的事，而且到达目的地的可能性总是令人疑虑。可是一旦受到天职的召唤，年迈的富兰克林博士仍然挺身而出，带着他那年轻的孙子（充当他的秘书）坐船向法国进发，去募集绝对必需的基金，以便使起义行动不因缺乏现金而垮下去。

最后总算平安抵达了巴黎，富兰克林当时还不知如何能够支付饭费和生活维持费，但他还是设法与法国政府接上了联系，而且他实际上说服了这个早已破产的国度对一个看起来如同上次世界大战初期想保留自由的捷克那样毫无希望的事业投资5000万法郎（它并没有那么多钱）。

说起来故事很长，但整个情形归结起来不到30个字。在北美内部，国会很软弱，没有足够的力量可以把它的意志加到13个殖民地身上，这些殖民地相互之间的仇恨要比对付它们的共同敌人还要深。华盛顿将军的战士们异常短缺日用生活必需品，以致他们曾认真考虑过接受任何形式的和平，跑回家去，而不想继续进行一场毫无获胜希望的斗争。至于他的同僚们，美利坚合众国的其他代表们，肩负着神秘的外交使命，正在欧洲的对面游荡。他们完全沉浸在自己小小的计划与抱负之中，相互之间对于对方的成就都嫉妒得要死，以致他们把更多的时间花在巴黎同僚的诽谤上而不是花在努力去为华盛顿将军手下那些挨饿挨冻的志愿者们筹集枪支火炮，此刻他们正在寸步不让地相互争吵着。

富兰克林的唯一生还的儿子（富兰克林曾对他寄予愿望）转向了英国保守党，并加入了那些反对这场反英战争的人的行列。与他温馨地相处多年的妻子也死了，而他自己还正受着各种疾病中最痛苦的一种——胆结石——折磨。这一切使富兰克林的幻想彻底破灭了。

但是富兰克林从未吐露过一句怨言。他一旦踏上法兰西国土，便着手细致地、精确地去做他计划要做的事。半个世纪前，在他创办费城出版社时，就是以这种过细的、精确的作风去经营的。作为一个历经风霜的操纵他人的大师，他仔细地策划了准备对凡尔赛宫的顽固的官僚政治发起冲击。他离开那个吵闹混乱的场所，而在附近的帕西小区安顿下来。在那催人欲眠的郊区的一所朴实的隐居处（是一位法国银行家朋友租借给他的），他巧妙地进行了单枪匹马的宣传活动，以致在英国尚未充分意识到他在大洋对岸的出现时，法国就已肯定地站在了大西洋西岸起义者一边，而我们争取自由的战争

家乡来信——
本杰明·富兰克林
在凡尔赛宫。

终于获胜了。

我曾经对那幢坐落在雷泰路和辛格路转角的小屋进行过一次朝觐（顺便说一下，这是法国第一所装上避雷针来保护的屋子）。我也曾坐在帕西小区的咖啡店里，正如老本杰明在他作为我国使节而在此漫长的逗留期内必然会去那里喝咖啡那样。我想象我在咖啡店里注视着他从那条狭窄的街巷走来，在当时是世界最时髦的国度里，他却穿着上一代人的服装，戴着他那稀奇古怪的水獭呢帽，因而十分引人注目，那顶帽子就成了作为一个真正民主国家代表的他的财产的一部分，并使他自己在一个"自由"的字眼已经三个世纪未曾听说过的国家的心脏地区成了民主朴实的活生生的象征。

我静悄悄地注视着富兰克林喝光了一杯巧克力（对不起，对一位患胆结石的人，不能让他喝咖啡），用力咀嚼着干果，这些干果是刚到达波尔多港口的邮包捎来的。（陛下，请用干果！它们是从费城的我自己的花园中采摘来的，因为现在已经没有英国武装民船骚扰的威胁，家人定期给我寄来的。）当他戴上那副又大又老式的眼镜开始读来信（这些信是与干果一起搭同一班船抵达的）时我有点傻呆呆地盯住他看。而当他把眼镜摘下，拿一条又大又老式的手绢去擦拭镜片（老式的物品成了这位来自"新世界"的年老德高的贤人标志的一部分了），以确认他的眼睛没有看错，他读到的是实实在在的事——讲的是许多过失、懦弱行为和自私自利的狭隘头脑——时，我猜想他不知又在打什么主意了。

然后，当他打开另一份盖有华盛顿将军私人印章的文件时，我分享了富兰克林的快乐。富兰克林获悉，局势并未到了不可收拾的地步，华盛顿将军依然是疑窦海洋中一个令人充满信心的砥石，尽管将军被背信弃义和变节卖国的气氛所笼罩，将军本人仍将继续为自由而战斗到底，不成功，便成仁。

在这时刻，我也许对于另一位伟大的爱国者——弗吉尼亚州阿尔伯马尔县的托马斯·杰斐逊的热爱产生了一些动摇。我过去一直把杰斐逊看作革命的领导人物之一，因为我以为我同样会把巨大的爱倾注在这个相貌平庸（但风度不凡）、言辞优雅（蕴藏着对英语的渊博知识）、走路姿势蹒跚（但却不偏不倚地引他走向最终目的地）的老人身上。是的，有些时候，我实际上是更热爱老本杰明，这位印刷工、邮递员、外交官以及直接为编造我们的独立共和国尽责的五六位伟人中的一个。

托马斯·杰斐逊在拉小提琴。

　　我刚才所表达的这种情感，绝不是所有与富兰克林同时代的人都怀有的。那些靠承袭先辈的特权而保持其显赫地位的人，那些靠寄生于其他人的劳动成果的人，那些一心想少做事而多得利的人（除了他们从娘肚子里来到人世也算有了点苦劳之外）——所有这些人从骨子里憎恨和害怕这位危险的革命煽动者，因为他力图剥夺佩恩家族的合法收益，因为他曾协力促使以英语代替拉丁语作为成人教育的主要目标，从而使教育成为人人都能享受的权利，还因为他实际上宣扬了一种恶毒的主张，即机关职员的任用应该根据他们的能力而不是根据他们家族的社会地位和经济地位。所有那些英国保守党人和反动分子把本·富兰克林称为也许不无才能，但必须用一切办法使之安分守己的"赤色分子""共产党徒"（或者在18世纪能表达的类似字眼）。

富兰克林在查看地窖。

但是，富兰克林的本分又应该是什么呢？他出生于波士顿一个贫穷而又正直的肥皂制造商的家庭，兄弟姊妹共13人，他的父亲不仅是刚到美国的新移民，而且被人怀疑为具有非国教徒倾向的家伙——尤其是在守旧的清教徒教义思想占统治地位的波士顿，情况会怎样呢？当他26岁时，他已出息成为13个未联合的殖民地的印刷工领袖了，而且在财务独立方面达到了这样一种程度，以致谁想用撤销合同来进行威胁时，只能使他嗤之以鼻，甚至激恼了他时他会说那你干脆到别的地方去印刷吧，因为即使你想再让他来印刷任何文字材料的话，他也绝不排出一行铅字。对于这样一种人，你怎能希望用社会的或经济的品行端正的要求把他拴住呢？

这位"新贵"除了具有上述那些应受"谴责"的品德之外，对于科学似乎有着特别显著的天赋，以致（尽管他从来没有上过像哈佛或耶鲁这些名牌大学）他因发明了避雷针，发明了一种火炉使"新英格兰"地区的农民不必裹在毯子里度过冬季。还由于他大力提倡建设一种公共照明系统，使市民们在夜间上街散步时再也不会掉进邻居的垃圾箱并摔断颈骨，而使他举世闻名。最重要的一点是，对这样一位当时最聪明的时事评论员和最畅销的《年鉴》的作者（当时在"新世界"——美国，大多数人只读两本书，一本是《年鉴》，一本是《圣经》），你怎么能把他搞臭、打倒？

顺着这个思路，我还可以写好几页，但我不是在写本杰明·富兰克林博士（英王陛下在大洋彼岸的殖民地的邮政大臣）的一生（"这个该死的家伙！他居然能在一年之内把这项总是赔钱的服务行业变成国库收入获利最多的来源！"），我仅仅是想让你们了解你们在下星期六将要见到的是个什么样的人。

直到现在，美国只出现了两名举世公认的天才人物。一位是马萨诸塞州沃本村的本杰明·汤普森；另一位就是同一州的波士顿的本杰明·富兰克林。但本杰明·汤普森在人生之途上走错了路，当革命爆发时，他为了躲避

当他26岁时，他已出
息成为13个未联合的殖民
地的印刷工领袖了。

邻居们的迫害而逃跑了。他在美国（他仍然认为是自己的祖国）出人头地之后，他迁移到了奥地利，后又到了巴伐利亚。在巴伐利亚，他成了王座身后的一种仁慈的力量，把那个落后的国家从一种几乎完全是中世纪式的状态转变为跟拿破仑时代欧洲的任何一个现代化国家一样的国家。他的成就使他荣获了神圣罗马帝国伯爵的头衔，今后的子孙后代都会赞扬他是第一个有勇气制定这样的法规，即首先让饥饿的人民过上丰衣足食的愉快生活，然后再让他们受道德修养的教育，而不是从一开始就强迫他们变得有道德，以期望他们用正直道义的良知来安抚饥肠辘辘的痛楚。

马萨诸塞的
寂静的旅社。

"新世界"（这个新世界使它的公民们都开明了，不管在他们面前存在各种各样多大的诱惑，他们仍然矢志忠于祖国）出现的另外一位举世公认的天才人物，就是我们的富兰克林好博士。因此，当我们作为一种有趣的历史现象而有礼貌地向本杰明·汤普森，即伦福德伯爵致意的同时，我们对本杰明·富兰克林就要给以更大的荣誉和崇敬，因为他除了那些共济会的伙伴给予他的好处之外，从来没有得过任何头衔爵位，他却赢得了作为自治政府实践的真正缔造者之一这一永世长存的声望，这种自治政府很快会变成民主的最后一个生存的堡垒，因为也是建立一个更美好、更人道世界的唯一希望所在。当富兰克林还在巴黎时，康德的具有深远影响的《纯粹理性批判》一文发表了。富兰克林也许读过这篇著作，也许没有。他在德国旅行，到过许多地方，但就我所知，他从未去过柯尼斯堡。

08 北极探险——南森、海姆斯凯尔克、巴伦支与德弗勒

弗里乔夫·南森，这个名字本身就描绘了他这个人。它像一座挪威的山峰，从雪野上拔地而起，高高挺立。

南森于1861年10月生于奥斯陆附近的一个村子。他在当地上学，小时候滑了许多时间的雪，最后考上奥斯陆大学，攻读动物学。在大学期间他也花了许多时间滑雪。在21岁时，他加入一艘驶向格陵兰的帆船，这样他就获得了一些关于在大海洋上生活的第一手资料，而且初次看到了北极地区的情况。

在他回到文明世界之后，他继续学习，获得了哲学博士学位，并开始着手为进行一次最异想天开的北极航行做准备，至少从19世纪80年代末的角度来看是如此。他决定穿着雪鞋和滑雪板去旅行，试从格陵兰的东海岸直奔西海岸，以便能对这个冰天雪地的内陆地区有个明确的了解。他和奥托·斯韦德鲁普（奥托后来成了"弗拉姆"号的船长）、另两名科学家及两名拉普人一起，于1888年5月扬帆起航，驶往格陵兰。到了8月，这些人从公众的视野中消失了，他们登上了冰冻高原的顶部，也就是格陵兰的屋脊。穿过海拔9000英尺的冰雪荒原，他们跋涉了六个星期之后，平安地抵达了格陵兰的西海岸。第二年春季，他们从格陵兰西海岸返回挪威。格陵兰之谜解开了，南森作为北极探险的卓越领袖的大名也就此传开了。

登山是各项运动
中最崇高的运动。

　　1890年，南森打算作另一次步行旅行。这次他的抱负就更大了。首先他要为自己造一艘非常坚固的船，足以抗得住北极冰块的挤压与撞击，因为他知道，以往其他人多次航行的悲惨结局都是由于船只像核桃在巨人脚下那样粉碎了。只要他有了这样一艘坚固的船，他就可以让这个浮动的堡垒开进北冰洋洋流，正是这个洋流曾经把倒霉的美国"珍妮特"号探险队的残骸从新西伯利亚群岛一直冲到格陵兰海岸。首先他要把他的船开到新西伯利亚群岛（美国的"珍妮特"号就是在那里沉没的，正在勒拿河口的北端），然后听其自然，随波逐流。如果他的估算是正确的话，他的船会漂到离北极极地很近的地方；如果发现船只没有到达预期的深入北部的位置，他就打算在离纬度终端，即纬线为最近的地方离船登岸，其余的行程就步行而去。步行、滑雪和爬山一直是他最喜爱的运动，几百英里的路程对他来说算不了什么。

格陵兰岛

　　南森把他的计划向挪威同僚们做了陈述，并恭恭敬敬地送到伦敦皇家地理学会。这些守旧的北极探险家们无一例外地告诉他该计划行不通。他们这种怀疑态度反倒大大激励了南森，他回到克里斯蒂安尼亚（奥斯陆的前称），就着手为航行作准备。

　　他得到了一艘旧的捕鲸船、把它新命名为"弗拉姆"号（"前进"号），并加固了内部结构，达到了抗冰块的强度。那个时候和现在一样，钱是一切科学探险的命脉。但也只有这一次，挪威议会才想着要采取行动来帮他把这正当的事业进行下去（当时挪威议会还没有意识到这个事业对国家声望的宣传价值），其余的基金来自国王和一些私人捐献。

　　奥托·斯韦德鲁普是南森在横穿格陵兰大陆探险的同伴，这次被选定为"弗拉姆"号的船长。另外有9人，包括高级船员、水手、一轮机师、司炉工人等，归他指挥。这些挪威人都是经过精心挑选的，要求他们不仅要有非凡的体力，而且要有坚强的意志力，才能在北极地区合乎情理地生活许多年。南森估计至少要经历三年时间才能回到格陵兰海岸。

1893年6月，"弗拉姆"号缓缓地、咔嚓咔嚓作响地驶离了奥斯陆峡湾。9月下旬，该船在新西伯利亚群岛附近把自己与一大块浮冰绑在一起，于是就开始了著名的漂流行动、1895年3月，也即离开挪威近两年之后，"弗拉姆"号抵达了纬度最高的海域。在这整个时期，没有遇见过一平方英寸的陆地。经常的水探测量证明了北冰洋比人们预料的要深得多，有的水域，洋底深达2000噚（=3658米）。

南森发现，他的船北进的航程已经到了尽头了，就决定自己向北极极地做最后冲刺。由于船在漂流的浮冰中无法确定位置，他告诉斯韦德普，一旦他测定或未能测定北极极地的位置，他就向斯匹次卑尔根群岛的方向前进。他在船上选出了一名身体最强壮的船员作为他步行冲刺的伙伴，那人有一个很普通的挪威姓名——约翰森。

1895年3月14日，这两名朝圣者带着他们的狗、雪橇、皮衣、单人独木小舟，在北纬84度、东经102度的地点（请查阅你们的世界地图集）离开了"弗拉姆"号船，4月8日抵达了北纬86度14分，这是人类到过的最靠近北极极地的地点，连熊和狐狸都未到过。

南森主要是一名科学家，而且由于他并未与任何人签过什么合同要写一篇可以通过报业辛迪加发表的《我向北极极地冲刺》之类的文章，所以他是一个自由人。他意识到，如果他想在事情不可收拾之前就回到法兰士约瑟夫兰德群岛的话，他必须立即转身回去。于是，在离开北极极地不远、轻易用步行就能走到的距离内，他掉转身子离开了他梦寐以求的目标，这种行动显示了一种比大多数探险家所具有的更伟大的性格的力量。

在北极极地周围没有道路的茫茫冰原上度过了令人心碎的几个月的时光之后，这两人终于到达了法兰士约瑟夫兰德群岛最北端的一个岛上。在那里，他们用雪建造了一所小窝棚，用丝质帐篷当屋顶，准备迎战任何两个人

南森离开了"弗拉姆"号船。

在这么长时期中可能遇到的苦难，来度过冬天。他们的食物包括熊肉和海象肉，放在一盏烧海兽油脂的灯上煮熟。他们总算是活下来了，而且还没有病过一天。1896年的春末，他们背起了所剩无几的行李物品，向南方进发。

　　现在，你会问，这一切跟我有什么关系，为什么我对这两个游荡者的冒险经历那么感兴趣？

1896年我14岁，随着我年龄的增长，我对我第一个崇拜的英雄，荷兰儿童杂志的著名诗人（他能做各种各样的事，而且都做得很好），逐渐淡薄了爱慕。这时我非常需要有另外一个崇拜对象——另外的杰出人物，他能使我寂寞的心灵充满崇敬和仰慕，并能使我感觉到，一个死气沉沉的荷兰小镇，它的单调乏味的生活不是我们生命的全部。就在这时冒出了这位仪表堂堂的挪威人（那时我是个可怜虫，由于多年生病，人像瘦猴，什么体育运动都不行，学校功课也很糟），他和他的伙伴们正在北方某个地方，消失在北极地区茫茫无际的雪野中。也许他们还活着吧。很可能他们早已死于饥饿和寒冷了，因为从上次从那冰封的一句话可以提供给我们有关他们最后命运的极细微的暗示。我生来就有一定的想象力，而且从小时候起，只要我能搞到的有关北极探险的书，我每本都看。因此，我对于这些坚韧不拔的探险家的最后时日的情形，能够勾画出一幅相当准确的画面。关于倒霉的富兰克林远征的真相（除了轻步兵旅的冲锋之外，也许这是英国人笨拙的杰作）是在我父亲的年代里才披露的。他仍然记得，当人们得知约翰·富兰克林爵士所率领的129名官兵在到达加拿大北部海岸很久之后个个活活饿死的情景时，在整个文明世界引起了多么强烈的震惊啊。我很熟悉当时刊登的关于石冢（隐藏了有关黑暗与恐怖的最新消息）和盛有残余人骨的蒸锅、煎锅的照片（因为最后演变成水手吃水手的惨剧），所以我现在也能想象"弗拉姆"号的船员一面挣扎着往南走，去寻求平安，一面把最后一条狗杀了吃掉，最后导致相互攻击和残杀。

后来，在1896年8月上旬，从瓦尔多（我永远不会忘记摩尔曼斯克半岛附近的那个小村）发来一份简短的电报，说南森很安全，他与约翰森是在法兰士约瑟夫兰德群岛附近被一名叫杰克逊的英国人发现的（杰克逊是在诺思克利夫伯爵的资助下，到那个遥远的小岛去进行科学探险的）。这一消息引起了全世界的欢欣鼓舞。他被发现时，正濒临饿死的紧要关头，但他们得救了。他们搭乘杰克逊的吉祥船"向风"号正在开往挪威首都的途

探险队在海上航行，会遇到各种意想不到的困难。

中，但他们却担心在"弗拉姆"号船上的同伴们，因为这三年来没有听到任何一点关于"弗拉姆"号的消息。

他们当然不会知道，但就在那一天——1896年8月13日——"弗拉姆"号终于摆脱了北极浮冰的困扰，现正带着船上所有船员（身体都很健康）平平安安地向南驶去。几天后在特罗姆瑟，老船员们再次团聚，并向克里斯蒂安尼亚前进。他们受到的荣耀，是以前对于早就被认为失踪而忘怀的人未经受过的。

南森与约翰森是在法兰士约瑟夫兰德群岛附近被一名叫杰克逊的英国人发现的。

我看到了这一切事件的发生，好像我也成了这些动人的冒险事业的真正参与者。当南森的著作《最远的北部》译成荷兰文出版时，我就搞到了它。虽然我不懂这两册书里塞满的科学数据，但我对其中一些戏剧性的事体都读过了，一个也没漏掉，包括直到那天早上南森以为末日快要来临了，却突然听到了枪声，他爬到了一个小型冰圆丘的顶上，结果与一个白人弗雷德里克·杰克逊碰了个照面，杰克逊当时正在寻找每天的食物——海豹肉。

从那以后，我已经有好几年没有看到南森的消息了。我知道他继续从事他的科学事业，他参加了许多别的很重要的探险活动，研究海洋深度、洋流和诸如此类的内容，这些研究结果以后就发表在枯燥的科学出版物上，让它们永久保存下来。但在1905年他的名字再次与一个人类利益有关的故事连在一起。那是关于挪威从瑞典分离出来的事。拿破仑战争结束后，瑞典国王、著名的法国将军贝纳多特，由于背叛了他原来的朋友波拿巴将军，而被赐予挪威的王冠作为报答。挪威在最近四个世纪以来一直受丹麦管辖。然而，丹麦由于效忠于拿破仑而要受到惩罚。这样，瑞典国王同时也成了挪威国土。贝纳多特皇族（应该永远归功于他们）一直奉行着一条温和的明智的路线，而且在同时治理两个王国这样一件困难的工作上他们做得很成功。然而，渐渐地挪威人变得成熟起来（既在经济上也在政治上），终于他们提出要成为自己家园的主人，并大声疾呼要求独立。在世界上其他地区，出现这种纠纷早就会导致流血。但这些高度文明的国家都已发展成熟，超出了它们古老的本能，而深知在两国之间进行一场战争乃是最糟透的做法——愚蠢之极，所以两个国家就分手告别，也许有相当数量的人对此感到愤恨，但不存在相互之间长久的敌意。

在这场危机中，南森这位前探险家扮演了调停人和容忍之顾问这一最值得称道的角色。他用非常正确的常理来总结这个形势，说：在任何类似的两个国家的联盟中，如果其中一国觉得自己受到了不公平的待遇，就会导致经常的摩擦，这种局面为什么还要维持下去呢？为什么不能和平地分手，各走各的路呢？

当挪威与瑞典的联盟正式解体时，南森被指定为挪威驻伦敦首任公使来代表新的王国。三年之后，事局已经平静下来，他又回到他的科学工作上，全神贯注进行写作，偶尔也到北方海域进行一些探险活动，直到第一次世界大战爆发。在战争期间，他再次作为挪威人民的无任所代表，被派往其余的文明世界。他曾经到美国去，设法促成挪威能收到那些对挪威的生存至关重要的供应物资。等到战争双方一宣布停火，他就接受了国联委派他的一项任务，把老沙皇政府积聚在西伯利亚的50万战俘遣送回国。

第一次世界大战后不久，沙皇俄国就垮台了。南森仿照胡佛的方式建立了一个救济委员会去给上百万挨饿的俄国人提供食物。同时，他还领导着国

挪威

联的一个照看难民（现在世界上到处都有难民）的机构。当墨索里尼早期的自大狂症发作，并炮轰了希腊的科孚岛时，正是南森有勇气在国联的各种会议上对这种野蛮行径提出了抗议，真的，要是在日内瓦有一打甚至只有半打像南森这样人物的话，名声不好的国联也许就能做出一些成绩来。但日内瓦很快堕落成为办事拖拉、骄傲自满的堡垒，直到有一天由于它自身的固有弱点的原因，而不是它的敌人作出任何努力，堡垒就崩溃了。

即使在那时，南森也没有放弃他对人类的坚定信念。一回到奥斯陆，他就继续为他的同胞们办事、从不考虑自己。

弗里乔夫·南森死于1930年5月。他死得很泰然。他入睡后没有醒来。那台结实的发动机如此尽职地为他服务了这许多年，终于停止转动了。

六十九年前从大自然无穷无尽的能源宝库中借来的那颗小火花重又交回了原处。但是它的成就大家依然能感觉到。在这小人时代（像今天这样缺乏真正的伟大领袖的情况，过去有过吗）我们痛心地、清醒地注意到，当这位世界上热心公益的乡民不再能给战后那些愚蠢的政客树立一种纯真无私的领导作风的榜样时，我们的损失有多大呀。弗里乔夫·南森不仅是最理想地适合于担任北极探险队的队长，而且是适合于担任比到冰冻的北极探险更困难、更复杂和更危险的事业的领导。我是指那些深入应用政治领域的实地考察活动，这些活动迄今很少带来积极的成果而往往搞得一团糟，因为人们让那些错误的领导人去做这件事。

阿姆斯特丹

现在我们是在阿姆斯特丹，时间是1596年11月初。这个城市最后站到了奥兰治亲王的一边，并加入了反对西班牙国王的起义行动。全城都在忙忙碌碌做生意，因为现在大家可以再一次自由地做买卖，不管是在哪里，还是和谁做交易，只要你愿意。这是那些北海地区精明的渔民最得意的时候，他们可以从许多牡蛎中发现珍珠，而过去这些牡蛎一直被看作是天主教国王陛下——那个给人们极坏印象的、总是板着脸的菲利普二世——的专有财产。

当然，我们接受的物品有好的一面，也有坏的一面。墨丘利神是最靠不住的一个神，总是用一种无法预料的状态来颠摇抖动他的秤。今天他要制造六个人的破产，这六个人以前一直被人们看成是证券交易所的台柱，明天他会把上百万美元扔进一些在夜间潜逃躲债的投机商人的怀抱，这些人平时连一个煮粥的锅也没有。光是在去年，一个本来最有前途的企业——人们认为那是绝对保险的——却落得一个悲惨破产的结局。确实，大部分的钱并非由私人腰包里拿出来，而是阿姆斯特丹市政本身提供的，但到头来情况仍然一样，市民们不得不付出附加税来补救地方长官的亏损。然而，没有人想抱怨。因为真要是探险成功的话（因为当时一些最有学问的地理学家预言必然成功），那么荷兰联合王国就会有一条自己的通往中国和东印度群岛的航路，荷兰就会成为世界上最富有的国家。

在那时候，通往东印度群岛的航路仍然操纵在西班牙人和葡萄牙人手中，无人能与他们竞争。但如果荷兰人能发现一条从大西洋经过亚洲北部到太平洋的新路线，那么低地国家的商人就不必再到葡萄牙首都里斯本去买香料和丝绸了。他们将不做中间商，而是直接到产地去做买卖，那意味着可获得三倍到四倍的纯利润。

因此有两艘船做好了充分的准备，想试一试经过切柳斯金角去东北方的一条路线。从荷兰一直到把俄国大陆与新地岛分开的那个海峡（指"喀拉海峡"），这一段航线人们还是比较熟悉的。那个海峡对于阿姆斯特丹的父老来说具有巨大的魅力，因为海峡就是一个狭隘的通道，连接着两个海洋。只要你用几门炮在海峡口设立了要塞，你就可以封锁海峡，不让局外人进入，从而就控制了一块属于你自己所有的可爱的小垄断地区。

那种把垄断控制作为获取商业利润的唯一可靠途径的中世纪的理想，像幽灵一样出没于这些16世纪商人的头脑里，所以他们把这两艘船装备了各种不同口径的大炮，并满怀希望地把贸易货物交给它们的船长来管理。当这些

荷属东印度群岛与欧洲对照图

深入极北海域的船只失事毁坏时，带去的军械大炮也都全部丧失了。但那些老水手们有一种典型的使命感和忠诚感，以至于尽管船只失事了，他们却带着托交给他们的全部货物乘坐没有甲板的船回来了。他们也许会丢了性命，但生意归生意，信任归信任。

被选定进行这次冒险的这两艘船都不大，也不适合远洋航行。但谁又愿意用新船去干这种冒险的勾当呢？其中较小的一艘船由扬·科内利松·德赖普船长指挥；另一艘船则由雅各布·范·海姆斯凯尔克指挥。

这位雅各布·范·海姆斯凯尔克是具有实践能力的人。他出生于一个优秀家族，而在1595年出生在好家族的人是很少到海上去的，人们认为做那种事不高尚。海姆斯凯尔克却是例外，他受过良好教育，在当时还是一个很好的科学家，而且他已经有了一些在北冰洋航行的经验了。

但真正的探险英雄是一位名叫威廉·巴伦支的人，生于荷兰省北部北海中的一个叫特塞尔的岛上。他起初当过船舱服务员，所以是经历了艰难的生活道路而上来的。他以前两次去过北方，对西伯利亚沿海情况知道得比其他人多，所以阿姆斯特丹市长聘用了他。

我想象他是一个矮胖粗壮的人，蓄有一脸修剪得很整齐的瓦形水手胡须。他的动作总是不慌不忙，镇定自若。他是个虔诚的信神的老船长，性格上有着强烈的保守顽固色彩。这种保守特色最明显地表现在他对太阳回归路线的估算是极其错误的。几个世纪以来，这一错误使科学评论家对于著名的1596年航行情况的判断产生了极大混乱。像老威廉·巴伦支这样一位细心的数学家怎么会在计算中出这么大的差错？后来他们才明白，威廉·巴伦支是在"旧历法"下成长起来的，而不愿意接受"新历法"，那时新历法刚刚开始被大部分具有现代思想的航海家所接受，作为唯一准确可靠的时间表。

然而，当他的船在喀拉海的冰块中失事损坏之后，正是他的固执脾气显示了巨大的价值。如果没有一个像他这样水平的领导人来指引那些船员脱离灾难的话，那就很难令人相信那些船员中还能有人生还，来叙述他们冒险的经历。所以，让我们为老威廉的坚强精神祝福吧，因为他把自己的残骸留在了俄罗斯的荒凉海滩上，而让其他人安全地返抵家园；那是人们对遇难的探险队长所能表示的最高的敬意了。

还有一位高级船员需要提一提。那就是医生（当时人们称他为理发师兼外科医生），叫赫里特·德费勒。他是一位万能博士，而且具有乐观欢快的精神，他被称为这次向冰冻的北极进军的官方书记员，这是他应得的荣誉。是他强迫每个队员至少必须注意个人卫生。而且每天必须做体操，尽管他们大伙儿宁可坐在自己小木屋的火炉前度过整个冬季。当可怕的坏血病开始出现的时候，是他告诉大家吃苔藓（地衣）。又是德费勒（他作为某种音乐家，本人吹笛子），组织那些业余戏剧演出，使全队17人在不得不关进小木屋里度过整个冬季并抱怨无所事事的情况下保持了旺盛的士气。

没有遇到任何困难，这两艘船就到达了北冰洋。一到了那里，德赖普与巴伦支对于下一步的航线就出现了分歧。巴伦支主张往"正东北"方向走，而德赖普认为应该往"东北偏西"方向走。当两个荷兰船长在某一方面

广袤的俄罗斯大平原

顶着牛时（不管是罗盘上的问题，还是怎样喝光几桶啤酒或者怎样装满一袋烟），对他们二人来说，只有一件事可做，那就是各自按照自己的最好的判断去找出路。两位船长于是分道扬镳，德赖普向北航行，而巴伦支则继续朝东走。巴伦支朝着这个方向又航行了几个星期，使他发现了斯匹次卑尔根群岛，这是一群怪石嶙峋的荒山野地。从斯匹次卑尔根出发，巴伦支和海姆斯凯尔克再次向东航行，直到他们抵达新地岛的海岸。然后他们向北，绕过毛里求斯角，当他们看到喀拉海不冰封的海面时，他们觉得幸运极了。根据阿姆斯特丹制图者告诉他们的情况，从这里出发，到切柳斯金角，只有很短一段航程，而且很容易走，切柳斯金角是亚洲大陆伸至最北部的尖端，从那里往正南方向走他们就可到中国了。但一到了喀拉海，他们的麻烦就来了。那时正值8月中旬，北极的冬季即将到来。有一天早晨他们醒来时发现船身已与海面的冰层牢牢结在一起了。在使用甘油炸药的年代之前（1896年用了炸药使"弗拉姆"号得以自由），那是无法在冰封的海面上挖掘出一条通道，让船只前进到最近的不冰封海域的。海姆斯凯尔克和巴伦支研究了形势，结论是他们已陷入困境。他们必须准备在北极地区过冬，到明年春季才能试试运气。

这是白人第一次被迫面对着漫长的北极之夜的各种艰难困苦。我想，整个航行中最愉快的部分就在于领队的两个人之间的完全合作。稍年轻的一位名义上是队长，得体地、大方地承认比他年纪稍大的下属的更出色的智慧和经验。他们之间从未有摩擦，有的只是那样和谐的相互理解，以致在随后航行中遇到的种种情况下，威廉·巴伦支成了实际上的探险队长（而德费勒写的书在好几个世纪中保持了国际上最畅销书的地位）。

他们现在不得不准备好六个月的越冬生活。他们意识到必须彻底抛弃这艘船。因为冰的压力越来越大，必然会把船身挤碎的。因而要利用木料来建造一所房子，足以容纳16个人起居。船上的木匠在铺好了地板后就撒手离开了人世，好在16世纪时每个水手或多或少会做一点木匠活，用起斧子或刀来，与专业木工不相上下，所以建造房子的工作得以继续下去。

那艘船本来就停泊在新地岛东北海岸的一个小海湾里避风。那个地方也正是造房子的最佳所在，于是就在那里造了房子，而且从那以后这所房子一直留在那里。那里木料的供应很充足，不仅可以从船上拆下木板，而且从西伯利亚北部海岸向西流过来的洋流（正是这股洋流，三百年后南森利用它把"弗拉姆"号推进到北极极地）把大批枯树带到了新地岛东海岸。把这些树木从海岸拖到内陆来，是件很辛苦的工作，而且由于两名船员病得无法干体力活，其余的人只好什么都干。

建造屋顶是最困难的。水手们想出办法造了一个平面框架，然后用一张船帆钉在框架上，上面再铺上一层沙子压住。然后老天爷帮了忙，下了雪，把沙子盖住。雪又结成冰，这样，这个屋顶就稳妥了，直到来年春天的雨水把它溶化掉。

他们没有石块垒烟囱，但大部分船员都记得小时候在农村庄园里的情形：火在地面中央燃烧，烟上升，通过屋顶中央的一个洞排出。他们懂得气流的道理，为了使屋顶中央的洞有更大的通风吸力，他们用一个旧的大桶作为烟囱顶管。但他们对通风的知识知道得实在有限。有一次在1月的一场大雪暴中，几个聪明的小伙子想出了一个主意要使屋内温度升高一点，就把烟囱口用垫子堵塞死，而且烧的又是船中宝贵的煤，而不是平时烧的漂来的浮木，想使火力更旺些，结果整个探险队几乎窒息而死。幸好，外科医生德费勒——他总是尽职尽责的——及时醒来，神智还清晰，立即把门踢开。从那以后，他们就再也不敢任性做那种傻事，而宁可躺在床铺上冻得打战。然而，他们常常被叫醒起来。他们的独出心裁的理发师用一个旧的啤酒桶做了一个蒸汽容器，并要求每个人每周至少用一次。睡在床铺上的船员都靠房子的南墙排列着。巴伦支的健康状况不佳，专为他提供了一张特制的床，放在

探险队队员们建造的冰屋

火炉边上，他的床右边是餐桌、餐桌上还放着一个沙漏（计时器）。除了沙漏，他们还有一只正常的钟，这表明这些船员的思想已经相当现代化了。在1596年，很少有几艘船出海是带着钟的。因为那时人们认为，出海航行一是靠上帝，二是靠推测，做一点补充的推测没有什么坏处，此外，可怜的探险钟不久就完蛋了。它怎能不完蛋呢？在半天时间里它的内部结构经受着烧烤，而在另外半天的时间里那些机件冻得僵硬，而且那个时期制造出来的钟没有一个能经受得住这样粗暴的对待。当他们的钟不再能嘀嗒作响的时候，他们就只好指靠沙漏来告诉他们日期和星期，并且还要有一个人守着，当沙子全漏到下面时再把沙漏倒转过来。

整个屋子由一盏吊在天花板中央的简单油灯照明着，盛满水的一个大锅放在火堆上方。这次屋内有了一定量的湿度，而且可以向每个人提供热水做汤喝，当室内一切安置就绪时，这个居所被正式命名为"安全庇护所"，船员们都搬了进来。

然后，漫长的围困就开始了。

12月内接连不断地发生雪暴。不久，屋外堆积的雪已经达到屋顶那么高了，船员们如果想要从外面运送一些新鲜柴火进屋，就必须从烟囱挖一条隧道通到外面。

一些狐狸被屋内烹饪的香味所引诱（这些香味是通过屋顶上作为烟囱口的大桶传送出去的），老远跑来，在屋顶上蹦来跳去。一开始，船员们对于狐狸的骚扰十分烦恼。但不久他们就发觉这是一个最好的机会，用不着他们跑出老远去安放捕兽夹子。不到一星期，他们已经获得了大量的狐狸皮了。他们用狐狸皮不仅做衣服、帽子，而且还做鞋袜。他们从荷兰带来的鞋子已经毫无用处。由于这些鞋子老是被雪水浸湿，所以经常要放在火堆边烤干，以致鞋底都裂开了大口。然而，水手们很聪明，善于用刀子。他们从漂来的树木中雕刻出木头鞋底，然后缝上狐狸皮做鞋帮，结果在整个漫长的冬季，没有一个人的脚趾再挨过冻——这简直是北极探险队的一项新纪录，尤其是三百年前创下的纪录。

他们受的苦难在元旦那天达到了高峰，因为可怕的狂风在岛上已经吹了整整一个星期，谁也无法走出屋外去拿树木，"安全庇护所"的居民们就只好烧掉他们自制的家具来取暖。

1月6日是东方三博士节，雪暴已经平静下来，但船员们的情绪相当低

船员们要把鞋袜放在火堆边烤干。

落。船上多才多艺的理发师觉得，这时搞一次小型联欢会倒是个好主意。船上大副被选为"新地岛之王"，然后准备了一次特别的宴会，并且荷兰国内庆祝三博士节的各项活动，他们也一个不漏地举行了。宴会的菜谱，读者如感兴趣，可以告诉你们包括薄煎饼以及泡在热葡萄酒里的饼干。

就这样，漫长的冬季过去了，有一天在远处地平线上再次出现一线光芒，"囚犯"们知道，他们"拘留期"的最苦难的日子就要结束了，他们可以开始到两艘船上工作了，以便一旦海面开冻，就可乘船回到安乐世界。

新地岛的新住户安全地度过了可怕的冬天。

　　在露天工作对他们的健康大有裨益，因为在漫长的冬季岁月中他们很少走出屋外来。在1月，又死了一名水手。他是葬在新地岛的最后一人。3月初，冰块终于开始化裂，但他们不得不等到6月才真正扬帆起航，挥泪告别了长时间作为他们的家的那个坚固的小木屋。屋门要锁好封好，以防止熊和狐狸闯入。在锁门之前，威廉·巴伦支写了三封信，叙述了他们的冒险经历，其中一封信存放在牛角制的大药桶里，并吊在烟囱中。三个世纪后人们发现了它，保存得依然十分完好。

6月13日清晨，威廉·巴伦支和另一名虚弱得不能走路的水手一起被运送到船上。他们的航路是先向"正北"，直到他们抵达岛的北端。从那里他们驶向"西南偏南"，他们终于来到西伯利亚的北岸。从那一点出发，他们沿着海岸线走，希望能到达白海的海口。巴伦支尽管病得不轻，现在被迫在一条无甲板的船上生活和睡眠，但从未停止过进行必要的航海规则。他把他们发现的一些地"角"细心地也很准确地标在地图上，因为其中许多地方今天来看是要用荷兰名字命名的，他们在哪里发现，就应标在哪里。过了十多天，那个患病的水手死了。然后，有一天早晨，老威廉·巴伦支的灵魂向上帝去报到，他的身体静悄悄地进入长眠状态了。

终于他们到达了一处，必定是白海的海口。他们自造的小船漏得很厉害，乘坐小船的人都坐在齐腰深的水里。小船的桅杆已经折断，破烂的船帆满是窟窿。他们每次想登岸，就立即遭到成群结队饥饿的北极熊的袭击。因此，他们无法生火做顿热饭，他们都已处于筋疲力尽的边缘。7月初又有一名水手死了，似乎是肺炎。一个离奇的细节——即使在这从死神边挣扎逃避的绝望时刻，船员们依然带着那些他们原先打算同中国人做生意的货物，并在夏季第一个晴朗的日子里，按照海姆斯凯尔克的命令把这些货物都开包、晾干，以便在尽可能好的状态下再把它们带回阿姆斯特丹。显然，他们还从来没有想过要用这些额外的行李来掉换他们自己穿旧的衣服。

他们仍然必须经历另外一些令人不安的冒险。由于他们的行李中有着一些包着铁皮的沉重箱子，所以他们的罗盘就出了故障，而他们又没有可靠的地图，他们只知道回到文明世界的大概的航行方向，但搞不到再精确一些的

船员们患上了坏血病。

资料。几天后，他们都患上了坏血病，但在一个小岛上他们发现了大量的坏血病草，这就使他们很快恢复了健康。

终于他们遇到了第一艘俄罗斯渔船。其余的航程就比较容易了，尽管有一次他们不得不划船一口气行走了30个小时。到了8月，他们抵达科达拉半岛。在那里，一场突然降临的大雾把两条船分开了。有好几天他们不知道自己的位置在哪里，也不知他们的伙伴是否还活着。不过，在两条船尚未遭受严重损害的情况下，雾就散了，于是他们一同来到第一个俄罗斯居民点。在那里他们受到了最友善的接待，并且两个多月来第一次吃到了一顿丰盛的饭菜。

现在，正当他们在撒摩耶人村庄里休养生息、恢复元气时，最出人意料地与德赖普船长又会合了。德赖普船长曾在北冰洋来来回回搜索他们，但毫无结果，最后他被风刮到白海，他和他的船员就在这里过的冬天。德赖普船长把他原来的同伴带到自己的船上，并于10月6日告别了好客的俄罗斯主人，给主人留下了两条漏船作为纪念。23天以后，他们都回到了家园。

由于家乡的人们早以为他们全都完蛋了，所以他们的突然回来引起了巨大的骚动。究竟这些船员后来发生了什么事，我们不知道。一般的水手常会过一种隐姓埋名的生活。一旦没有人再愿意请他们喝几杯啤酒以便听他们讲述像马那么大的北极熊和像教堂塔尖那么高的冰山之类的有趣故事时，他们可能又回到海上去了。毕竟一个人总得要生活呀。就此又回到海洋大浪上去，生死听天由命了。要不是有一位有事业心的出版商劝说德弗

探险队在撒摩耶人村庄里休整。

勒先生把他们的冒险和受苦受难的情况写出来，那么这整个值得纪念的航行故事恐怕就和许多其他类似的远征情况一样湮没无闻了，因为那些远征

中没有一个像理发师这样既能耍笔杆子、又会操作外科解剖刀和剃刀的人参加。

关于雅各布·范·海姆斯凯尔克，还要多说一句话。他如此英勇地率领他的队员们经历了种种磨难，并又安全地引导他们回到了出发的港口。他后来作为一艘军舰的舰长，继续为他的祖国服务。1607年，在直布罗陀外海与西班牙人的一次交战中，他被子弹击中心脏而殉职。